部下を知らない

上司  のための

育成の極意

問題の本質を明らかにする
健康－心理－環境モデル

特定社会保険労務士　公認心理師
山田真由子

労働新聞社

はじめに

　現代の職場は、かつてない速さで変化し、多様化しています。異なる文化、背景、経験を持つ人々が一堂に会し、共に働くことが日常となりました。この変化は、マネジメントに新たなチャレンジをもたらし、従来の手法では対応しきれない新しい課題を引き起こしています。本書は、そんな職場におけるマネジメントの実践ガイドとして、部下の多様性を理解し、有効活用することの重要性を伝えたいと思い執筆しました。

　本書にも述べた例の一つとして、以前に企業のマネジャーから「会議中に常に眠ってしまう問題のある社員がいる」という相談がありました。実際には、その社員は睡眠時無呼吸症候群という健康課題を抱えており、適切な治療を受けることで問題は解決しました。しかし、マネジャーはその社員を問題ある社員と決めつけてしまい、健康問題の可能性を考慮せずに対策を講じようとしました。これは、誤った認識が原因で、上司も部下も不幸な結果を招く一例です。もし、部下を体系的に評価し、全体的な最適解を見出す方法があれば、このような事態は避けられたかもしれません。この点に着目し、私は「健康－心理－環境モデル」を考案しました。このモデルは、精神科医ジョージ・エンゲル（George. L. Engel）の「生物－心理－社会モデル」にヒントを得ており、部下をより深く理解し、指導や育成に活かすことを目指しています。

　本書を通じて、非生産的な職場の例から始め、心理的安全性の構築、ダイバーシティとインクルージョンの推進、部下の健康と心理状態への配慮、そして環境モデルの応用に至るまで、読者の皆様が現代のマネジメントの課題にどう対応し、各部下の潜在能力を最大限に引き出すための支援ができるよう、役立つ内容を提供できれば幸いです。

2024 年 3 月

山田　真由子

目　次

第5章　職場として部下にどう対応するかを理解する
　　　　（「環境モデル」の活用） ……………………… **95**

第1章

一様から多様化する人材を
活用する時代へ

1 　非生産的な職場の例

　先進国の中でも日本は、労働生産性が低いと言われています。バブル崩壊後 30 年間、1 年間の給与の平均水準は 400 万円台を推移しており、あまり増加していません。また、公益財団法人日本生産性本部の「労働生産性の国際比較 2022」によると、日本の時間あたり労働生産性は 49.9 ドル（5,006 円）で、OECD 加盟 38 カ国中 27 位と低迷しています。

　理由の 1 つは、職場における非生産的行為の多さです。非生産性行為とは、「組織とそのメンバーに有害な効果を及ぼそうと意図して行われる行動」と定義されています。

　例としては、

- ・意図的に仕事をゆっくり進める
- ・休憩時間でもないのに、ネットサーフィンをする
- ・訪問先を告げずにカフェで休憩している
- ・急に自分の都合で仕事を休む
- ・仕事中に職場の同僚の噂話をする
- ・ハラスメント行為を行う
- ・労働時間中に私用で銀行に行く

などがあります。これらの行為が職場で当たり前になっている状況で、生産性が上がるわけがありません。労働施策総合推進法の改正によりハラスメント防止の研修のご依頼をいただきますが、そういった時に現状をヒアリングしてみると、非生産性行為の影響による問題を抱えている職場が多いと感じます。

2 　部下の非生産的行為

　「意図的に仕事をゆっくり進める」という非生産的行為を例にとってみましょう。

　労働基準法では、「賃金とは、賃金、給料、手当、賞与その他名称の如何を問わず、労働の対償として使用者が労働者に支払うすべてのもの」と定義されており、一般的には労働時間で給与が算出されます。つまり、給与は「時

間の単価×労働時間」です。そして必ずしも従業員の総労働時間と生産性の高さは一致するとは限らないのです。

　例えば、製造第1課にはA係長のほかに一般従業員2人（Bさん、Cさん）がいます。A係長が困っているのは部下の残業時間の問題です。A係長が調べると、次のような実態がありました。

・Bさん　先月の生産数量300個　残業時間なし
・Cさん　先月の生産数量300個　残業時間20時間

　つまり、BさんとCさんは同じ数量を造っていますが、能率において差があります。にもかかわらず、2人の先月の賃金は次のようになってしまいました。

・Bさん　基本給30万円＋残業代なし
・Cさん　基本給30万円＋残業代44,000円（20時間分）

　そもそも生産性とは何か。簡単に言えば、生産性は「仕事の量」を「労働時間」で割ったものです。つまり、同じ仕事の量で生産性を高めようとすれば、労働時間を減らしていかに効率的に働くかが大切になります。しかし、Bさんは真面目に効率的に働いたおかげで相対的に損をしたのです。Bさんは「Cさんより仕事が早いのになんで給料が低いんだろう！ばかばかしい！」と気分を悪くしました。そこで、その後は意識的に能率を下げて、Cさんと同じようにゆっくり作業をするようになりました。こうして職場での残業が増えてしまうのです。

　また中小企業の経営者は、会社のためにたくさんの時間を費やす従業員を好む傾向にあります。そのため定時に帰れるのに、帰ることができない状況が生まれています。これでは生産性は上がりません。

　ある病院では、昼勤と夜勤の従業員の制服を色分けして定時で帰る仕組みを作り残業削減を進めたところ、残業がめっきり減ったそうです。今まで帰りにくい風土がありましたが、この施策により可視化され、定時に帰れるようになりました。このケースのように、減らせる残業は減らす必要があります。

　無論、上司は残業削減にとどまらず、マネジャーとして部下の非生産的行為を減らしていかなければなりません。

3 「マネジャー」としての役割

　マネジャーと言っても、日本企業においてはプレイングマネジャーが多くなっています。リクルートワークス研究所の「マネジメント行動に関する調査2019」基本報告書によると、マネジャーの約9割がプレイングマネジャーであるという調査結果が出ています。プレイングマネジャーは、プレイヤーと管理職としてのマネジメント業務の両方を担いますが、プレイヤーの業務を優先しマネジャーの役割を意識していない人が多いように感じます。

　『管理職要覧』では次のように定義されています。

　「作業」・・・自ら仕事を達成すること

　「管理」・・・人（部下）を通じて仕事を達成すること

　そもそもマネジャーなので、部下を通じて仕事を達成し、生産性を上げ業績を向上させることが役割です。そのことを意識して部下を育成する必要があります。

　しかしながら、プレイヤーの役割しか意識していない人が多いのが現実です。例えば、次のような上司です。

【不動産の営業課長の事例】

　営業成績はナンバーワンだが、「部下とは世代が違うのでどうやって教えたらいいのかわからない」と言って部下育成をやっていません。周りからはマネジャーとしての役割を求められていますが、直近の売上成績は良いので、社長は「このままでいいのではないか？」と黙認しています。このような状況の場合、短期的には良くても、中長期的には部下が育たずに会社の成長は見込めません。さらには、優秀成績を収めている営業が転職した場合を考えると、リスクでしかありません。

【事務職主任の事例】

　事務職としての業務が認められ、主任に昇格しました。そこで、部下に対して業務的な指導や命令を伝えたところ「それってパワハラですよね？」、「このこと、部長に報告しますね」と言われました。それから業務を頼みにくくなってしまい、逆パワハラの状態が続いています。びくびくするあまり業務を一人で抱え込んでしまい、どうしてよいのかわからない状況が続いています。

【デイサービスの管理者の事例】

　デイサービスの管理者は、看護師の資格を持っており経営者から「この事業所の管理者として運営を任せたい」と期待されていました。ところが、部下が自分の思うように動いてくれないことが気に入らず、介護報酬請求業務から送迎、フロア業務まで一般従業員に任せればよいものまで自身で行っていました。自宅には寝るためだけに帰っていると話しており、いつも「忙しい！忙しい！」というのが口癖になっています。「他の従業員さんに頼んでみてはいかがですか？」と言ったところ、「いいんです。自分が頑張れば…他の人に頼んでもどうせやり直しになるし、一人でやった方が早いです」と一点張りの状況でした。

【建設業の現場の係長の事例】

　建設業の現場で20年ほど勤務している係長は、自分の部下やアルバイト従業員に対して「こんなこともわからないのか？」「普通はこんなこと1回聞いたらわかるやろ！」などの言葉を発しています。部下が仕事のことを聞いても、係長は「私の仕事ぶりを見て覚えろ！」と言うばかりで、仕事をしっかりと教えません。係長自身もかつてそうした状況にいたため、それが当然だと思っています。現状ではとても係長としての役割を果たしているとは言えません。

【こども園の学年主任教諭の場合】

　こども園の学年主任教諭は、学校卒業からずっとこのこども園に勤務しており、結婚、出産、育児を経て今も誠実に働いてくれています。その結果、一般職から主任、主任から学年主任とより責任ある立場を任されるようになりました。彼女は、保育教諭としては素晴らしい働きぶりなのですが、パートタイマーの保育教諭が自分より先輩の教諭ばかりなので、彼女達に気を遣いすぎてリーダーシップを取ることができずにいました。

【訪問介護ヘルパーの管理者の事例】

　訪問介護ヘルパーの管理者は、他事業所からの転職組であり、管理者として豊富なキャリアを持っているということで採用が決まりました。しかしながら、新規利用者の獲得に積極的ではなく、経営者から数値的な目標の話をされると本人は、「事務員が足りないから事務の仕事がたまっておりそれどころではないんです。事務員を採用してください」などと言い訳ばかりしています。そのうち、毎月の会議にはふてくされた様子で「数値のことばかり言われるので、私はノイローゼになりそう」とやる気が感じられません。

このようなマネジャーの役割を果たしていない方々は、それぞれ次のような思いを抱えていると考えられます。

- ・自分でやったほうが早い
- ・人に頼むのが苦手
- ・部下に仕事を教えると自分の仕事がなくなる
- ・部下を教育する時間がない
- ・教えることが苦手だからやりたくない
- ・部下の気持ちがわからない
- ・現場でお客様と関わる仕事の方が合っている
- ・なんでもかんでも部下に仕事をふって自分は楽をしたいと思っている

こういった背景には、おそらく自分でも意識していない、次のような心情があると考えられます。

- ・自分の思い通りにやりたい
- ・忙しそうにしていると、職場が評価してくれる風土があるので認められている気がする
- ・現場の仕事が得意もしくは好きなので結果を出しやすく、また周りからも賞賛されたい

少しは理解もできますが、だからといって管理者としての役割を放棄してはいけません。部下を育成し生産性を上げることで、その役割を果たす必要があります。

4　多様な部下に対する新たなマネジメントの重要性

働き方改革実行計画において 13 のロードマップが提唱され、一億総活躍社会を目指して多様な人に働いていただく施策が示されました。フルタイムの正規従業員だけでなく、闘病、子育てや介護中の従業員、2 つ以上兼業しながら働いている従業員、外国人の従業員、高齢者の従業員、障害を抱えた従業員など部下の属性が多様化しています。

闘病中の従業員には、厚生労働省が「事業場における治療と仕事の両立

支援のためのガイドライン」を策定しています。子育てや介護中の従業員に対しては、育児介護休業法が改正され、育児休業や介護休業が取りやすくなりました。外国人の従業員に関してはコロナの影響もあり当初の予定よりはかなり遅れていますが、いずれ技能実習生だけではなく、特定技能生が増加するでしょう。国内の 65 歳以上の高齢者人口は過去最多を更新し、総人口の 3 割に迫っています。また、2021 年における 65 歳以上の就業者数は、20 年に比べて 6 万人増の 909 万人と、過去最多を更新しました。就業率は 25.1％で、65 歳から 69 歳に限れば 50.3％と初めて 5 割を超え、高齢者の活躍が目覚ましくなっています。障害者雇用においては 2021 年から法定雇用率がアップしています。「副業・兼業の促進に関するガイドライン」も改定されています。

　このように多様化した部下を包摂しながらマネジメントすることが、今の時代には求められているのです。これまでのように画一的なマネジメントではなく、多様な人々に対してそれぞれ個別のマネジメントが必要になってきます。あらゆる面で、マネジメントは以前よりさらに複雑になってきているといえるでしょう。そこで、時代に沿ったマネジメントの方法を学ぶことが大切となってきます。

（働き方改革実行計画の 13 のロードマップ）
　1．働く人の視点に立った働き方改革の意義
　2．同一労働同一賃金など非正規雇用の処遇改善
　3．賃金引上げと労働生産性向上
　4．罰則付き時間外労働の上限規制の導入など長時間労働の是正
　5．柔軟な働き方がしやすい環境整備
　6．女性・若者の人材育成など活躍しやすい環境整備
　7．病気の治療と仕事の両立
　8．子育て・介護などと仕事の両立、障害者の就労
　9．雇用吸収力、付加価値の高い産業への転職・再就職支援
　10．誰にでもチャンスのある教育環境の整備
　11．高齢者の就業促進

12. 外国人材の受入れ
13. 10 年先の未来を見据えたロードマップ

5 働き方を変えるために必要不可欠な職場の土台（心理的安全性）

　新たなマネジメントのためにはまずその土台が必要ですが、その土台の 1 つが「心理的安全性」です。提唱者であるハーバードビジネススクール教授エイミー・C・エドモンドソン氏は、『恐れのない組織』の中で、心理的安全性とは「みんなが気兼ねなく意見を述べることができ自分らしくいられる文化」と記しています。つまり、率直に自分の意見を述べても、恥をかかされたり批判されたりすることがなく、そのためアイデアが共有される環境が生まれ、生産性向上に繋がるのです。

　心理的安全性が世界で注目を浴びるきっかけとなったのが、Google 社が生産性の高いチームの条件が何かを見つけ出すことを目的に行った「プロジェクトアリストテレス」という生産性向上プロジェクトです。そこで、チーム生産性向上の柱として以下の 5 つを発表しており、そのなかでも心理的安全性は群を抜いて大切なものだとみなされています。

（チーム生産性向上の 5 つの柱）
①心理的安全性
　チームメンバーがリスクのあることをしても安全だと感じており、お互いに対して弱い部分もさらけ出すことができる。
②相互信頼
　チームメンバーが、他のメンバーが仕事を高いクオリティで時間内に仕上げてくれると感じている。
③構造と明瞭さ
　チームの役割、計画、自律が明確になっている。
④仕事の意味
　チームメンバーは仕事が自分にとって意味があると感じている。

⑤インパクト

　チームメンバーは自分の仕事について、意義があり、良い変化を生むものだと思っている。

出典：Google re:Work ホームページ（https://rework.withgoogle.com/jp/guides/
understanding-team-effectiveness/#identify-dynamics-of-effective-teams）

この心理的安全性がない職場では、次のようなことが起こります。
・声の大きい人がおり、その人の意見に沿わないと仕返しをされる
・飲み会の席で「無礼講でいいよ！」と言われたので、少しだけ普段胸にしまっていたことを言ったら、逆に説教をされた
・会議では意見を言いづらい
・昼休みや休憩時間になるとその場にない人の悪口大会が始まる
・「結果を出すために」とサービス残業が恒常化しており、誰にも相談できない

　こういった職場には、前述の部下の非生産的行為が多い職場やマネジャーがその役割を果たしきれていない職場と共通するものがあるかもしれません。

　余談ですが、以前経営者が集まる「アクションラーニング」の勉強会に参加した時、印象深いことがありました。アクションラーニングとは、現実にある組織の課題についてチームで解決策を考えることで、現場で役に立つ問題解決力を養い、組織を活性化する学習手法のことです。アクションラーニングの研修を受けようとされるほどの経営者なので、とても学習意欲が高く各企業の課題についてグループワーク形式で熱心に議論を行っていました。しかしながら、そこには上下関係があり、質問をしていることを装って、自分の意見を強く発している方がいました。

　「お前のところの会社は、こんなことをしているから売上が上がっていないよね」「この間、電話したけど電話応対がなってないな。礼儀がない。教育はどうしてるんだ」などと発言していました。アクションラーニングにて提唱されている自律性を無視した内容で、一緒にグループワークに参加してい

た私もいたたまれない気持ちになりました。

　このように心理的安全性が低いチームであれば、当事者だけでなく周囲の
メンバーもびくびくしていまい、とても意見など言えません。

　では、心理的安全性の高い組織とはどういうものなのでしょうか。エイ
ミー・C・エドモンソン氏によって作られた、心理的安全性を測る質問は以
下の通りです。

　（心理的安全性を測定する質問）
　1．あなたのチームにおいては、ミスをしても咎められることがない。
　2．あなたのチームでは、メンバーが困難や難題を提起することができる。
　3．あなたのチームの人々は、他と違っていることを認めている。
　4．あなたのチームでは、安心してリスクを取ることができる。
　5．あなたのチームのメンバーには支援を求めやすい。
　6．あなたのチームには、私の努力を踏みにじるような行動を故意にする
　　人は誰もいない。
　7．あなたのチームのメンバーと仕事をする時には、私ならではのスキル
　　と能力が高く評価され、活用されている。

出典：エイミー・C・エドモンドソン　『恐れのない組織』　英治出版　一部加工

　あなたの職場ではいくつ当てはまりますか。該当するものが多ければ多い
ほど心理的安全性が高いと言えるでしょう。

6　ダイバーシティ、インクルージョン、ビロンギングという3つの要素

　ダイバーシティ、インクルージョン、ビロンギングの3つの要素も、新たな
マネジメントの土台となるものです。ダイバーシティとは多様な人材が集まっ
ている状態であり、インクルージョンとは多様な人材を受け入れ相互に作用し
ている状態、ビロンギングとは、帰属意識、愛社精神、一体感のことです。

　人にはそれぞれの個性や事情があります。それに理解が示されない職場では、居心地も良くありません。

・職場復帰してから1か月の間、保育園から「お子さんが熱を出しています。今すぐお迎えにきてください」と連絡があったので、保育園にお迎えに行くために帰らせてもらった。するとその後、先輩から「いつもこんな風だったら仕事を任せられないよ」と不満げな表情をされた。

・メンタル不調で時短勤務をしているAさんに対して、「私の仕事量がAさんの分まで増えているんだけど、納得いかない」と同僚が詰め寄った。

・認知症の父を持つBさんに対して「いつまで休むんですか。迷惑なんだけど…」と同僚が不快な表情を浮かべながら発言した。

・妊娠が分かった部下に対して「つわりがひどいなら辞めればいいのに…。迷惑だよ」と上司が言った。

・妊活していた部下が上司に妊娠の報告をすると、「えっ！」と驚かれため息をつかれた。

　このように職場のメンバーの反応が良くないと、職場での居心地が悪くなるのも当然です。
　一方、該当するメンバーが、ダイバーシティやインクルージョンの制度や環境が整っていることから、「それを使うことは当然の権利だ」と、周りのメンバーに配慮せずに自己中心的な言動をするケースもあります。

・育児休業中の従業員がＳＮＳでネガティブ投稿ばかりをしており、職場の人からは会社に復帰するような気配がないように見えてしまう。
　例えば、
　「会社を休んでみて、この仕事はあまり自分には向いていないと思うことがある」
　「子育て中だからかもしれないが、職場に戻ってもう一度頑張ろうという気持ちに自分はなれないよね」など
　（読んだ同僚が、とても共感できないですよね）

- 妊娠中の従業員が早退する時に、早退届を提出するように総務課の課員から言われるが、「つわりがあってしんどいのに…」と察しろとばかりに早退届を出すそぶりさえない。常に周囲に文句ばかり言っている。
- 介護休業を取得する前までに、やっておくべき自分の業務を行わない。自分の仕事を職場の人に代わりをお願いする立場にも関わらず感謝の気持ちを表さない。

　育児や介護など様々な制度を使うのは当然の権利ですが、仕事は一人でできるものではありません。制度を使う際にはお互いに話し合い、休暇を取得する前後に職場の人に配慮することで協力体制が生まれます。お互いが相手を思いやることが大切です。孔子も『論語』の中で「子の曰わく、それ恕か。己の欲せざる所、人に施すこと勿かれ」とあります。つまり、人生で大切なことは、恕（思いやり）であり、自分がやってほしくないことは他人に行うべきではないことを説いています。この思いやりこそ、企業の中では「ビロンギング」に該当するのではないでしょうか。ビロンギングは、職場内での相互に思いやる気持ちから自然と発生する状態だと思っています。一言で言えば、自分の居場所があると感じられる状態のことです。個人の事情やライフイベントが変化したとしてもメンバー間で受け入れられている、例えば次のような職場は、とても居心地の良いものになるでしょう。

【派遣会社の事例】

　職場での育児・介護休業取得に前向きな、派遣会社で勤続25年のマネジャーがいる職場です。マネジャーは20年前の企業内育児休業取得者1号であり、まだ育児休業を取得できる人が少数だった頃に育児休業を取得させてもらったと、恩義を会社に感じています。その当時、先輩達は「あなたが育児休業を取得することで後輩達が育児休業を取りやすくなるから」と温かく見守ってくれました。最近では、育児休業取得時にお世話になった先輩達が、介護や病気になり休職することがありますが、「私が以前に受けたご恩をお返しする機会です。今度は先輩を支援する番です」と言っています。

【介護事業所の事例】

　主任ケアマネジャーは、部下が育児休業で休む時には配慮を欠かしません。しかしながら、その主任の気持ちも知らずに、周りのケアマネジャーから会議の時に、「Ａさんが担当している35件分の業務を私たちがフォローするんですよね。個人の業務の負担が増えるし、なぜこんなことしないといけないんですか。納得がいきません」との意見があがりました。そこで、主任ケアマネジャーは、「職員誰にでも生きている間にリスクがあります。例えば、ご自身が病気になったり、家族の介護であったりとライフイベントがあった時に、あなたが希望すれば休業できるようにしたいと思っています」と部下に伝えたところ、職場内で一緒に支えあう雰囲気が生まれました。

　育児や介護休業の制度を作っても使いにくい雰囲気だったり、使ったとしてもお互いに不平不満を言いあったりするような職場は、個を活かす職場とは言えないでしょう。ダイバーシティ、インクルージョン、ビロンギングの3つの要素を備えた、相互に支え合う職場が必要です。

7　これからのマネジメント

　人手不足に悩まされていなかった時代は、正規従業員を対象に画一的なマネジメントをしていても良かったのですが、現在は少子高齢化による慢性的な労働力不足が深刻化し、多様な人材を活用しなければ成り立たなくなってきています。まさに一様から多様な人材活用への時代になったと言えます。企業の経営者やマネジャーと話していると、社会的な環境を考慮して個を活かす配慮型マネジメントに移行しようとしている企業と従来型の画一的かつ管理的なマネジメントのままで変わらない企業に二極化しているように感じますが、やはり、目指すべきは前者の「個を活かすマネジメント」をしている企業です。

　本書では個を活かすマネジメントを、教科書的な言い方ではないですが、「心理的安全性、またダイバーシティ、インクルージョンやビロンギングがある職場における、それぞれの事情を抱える部下にしっかりと向き合ったうえでの、それぞれの部下に合った適切な育成方法」と定義します。次章以降では、個を活かすマネジメントの鍵である「健康－心理－環境モデル」について詳しく説明していきます。

「個を活かすマネジメント」に努めている法人の事例

【社会福祉法人 A の事例】

　育児休業取得率100％で、復帰率も100％の法人です。法人として働きやすい職場づくりを目指しており、託児施設の新設なども行っています。育児休業取得率100％であっても復帰率が良くない場合もあるのですが、この事業所では管理者が面談を行い、職場復帰などに関してもあらかじめしっかり話し合いの機会をもつようにしています。「目先だけで見たら、お子さんの都合で急なお休みをされると困る場合も正直あります。その一方で、育児休業を取得した従業員で目覚ましく活躍している人が多いのも事実です。だからこそ、短期的に見るのではなく、中長期的に見ることが大切なのです」と管理者が話されていたのが印象的でした。

【NPO 法人の事例】

　以前から心の健康づくり計画を進め、従業員の働きやすい職場を考えていました。しかしながら、ある時メンタル不調者に上手く対応できませんでした。その後、所属長会議にて話し合いを重ね、厚生労働省が提唱している4つのケア（「労働者の心の健康の保持増進のための指針」に記載）の中から「ラインによるケア」に目を向け、外部講師による研修会を行いました。また、組織として衛生管理者を中心として、安全衛生委員会にて復職プログラムを策定しました。このように、所属長が法人の方針として早期にメンタル不調者に気づくような体制を作るなど、個に配慮したマネジメントを行っています。

【社会福祉法人 B の事例】

　社会福祉法人の介護施設は、5年前よりEPA（経済連携協定）によりインドネシアやフィリピンの介護福祉士候補生11名を受け入れています。そのうち、「外国人の従業員が何に困っているのか？」段々わかってくるようになりました。そこで、外国人従業員がビジネスマナーや感染症対策などについて困ったことをテーマに3か月に1回共有する時間を設けてみました。この時間を設けることで介護福祉士候補生だけでなく、ブラジルやペルーの定住外国人も安心して働ける風土ができました。その結果として、日本人従業員の異文化への理解が進み、国境を越えて職員間の連帯感が生まれました。

第2章

部下を育成する時に
大切なこと

1 育成が上手くいかないのはどんな時？

　現在、職場の部下育成において大きなウエイトを占めているのはOJTです。OJTとは、On-The-Job Trainingの略であり、職場の上司や先輩が、部下や後輩に対して、職場の日常業務を通じて仕事に必要な知識・技能・態度などを指導し、育成する訓練法です。

　しかしながら、企業によっては現場でのOJTをはじめとする育成の機能が十分に働いていない場合があります。主な要因は次の2つです。

　1つめは、職場内でのコミュニケーション不足です。その場で声を掛ければ良いのに、メールなどにより報告、連絡、相談を行う部下が増え、上司も部下に積極的に話し掛けたりはせず、結果として対話が減少しています。コロナ禍になってリモートワークが増加し、より一層対話は減っているでしょう。ある企業では退職届を何の挨拶もなくメールや郵送にて提出してくる部下がいたと聞いて、とても驚いたことがあります。

　他方、上司が部下の多様性に順応できず、部下とのコミュニケーション自体をためらってしまう場合もあります。例えば、育児休業などの扱いにこれまで無縁だった上司がおり、その部下が育児休業を取得したとします。上司は戸惑うばかりで、職場復帰が迫ってもどう対応すればよいのかわからず、何もせず放置してしまっている、というケースなどが考えられます。

　2つめは、上司が必ずしも部下の業務を把握しきれないことです。例えば、専門性の高い職場では、上司であったとしても業務の詳細がわからず指示を出しにくい場合があります。また、アウトソーシング化により業務の連携もわかりにくくなっている時もあります。あるホテルでは、清掃部門をアウトソーシングしたため、アウトソーシング会社が変わるたびに業務の連携に苦慮されていました。

　どちらにも共通するのは、上司が部下をよく知らない、または知ろうとしていないということです。なおこうしたことは心理的安全性やダイバーシティなどの要素の有無を問わず起こり得ます。例えば部下自身がメールなどによる報告などをごく当たり前のことと思っている場合、上司と部下の関係は良好でもわざわざ対話にはしないかもしれません。

　このような状況では普段からの育成もままならず、部下に何かしらの問題が発生した時、または問題の発生が見込まれる時に適切な対応を取ることも難しいでしょう。かといって「何をしたら良いのかわからない」という方もおられるかもしれません。そんな時には次の流れを意識して部下に接してみましょう。

部下への対応の基本的な流れ

フェーズ1：信頼関係を構築する
フェーズ2：聞き取りをして情報を収集する
フェーズ3：状況を見立てる
フェーズ4：対話をする

フェーズ1：信頼関係を構築する

　信頼関係の構築にあたっては、日頃からの部下との関係性が大事です。まずは、マネジャーの心構えとして、「部下を理解しよう」という気持ちを持ちましょう。当初は上司と距離を感じた部下が、上司が自分のために熱心に接してくれると「自分もこの上司のために働きたい」という気持ちが生まれます。このことを返報性の法則と言います。また、気軽に話しやすい雰囲気を持つことも必要です。手や足を組んだり、部下の話を聞かずに自分の仕事に専念しているオーラを出すと、部下は敬遠しがちです。部下に対して「私の部下は、報告、連絡、相談をしない」と愚痴を言っている人がいますが、自分から部下に歩み寄る姿勢が信頼関係を醸成するはずです。

フェーズ2：聞き取りをして情報を収集する

　部下との信頼関係が構築できたら、部下の健康状況、心理状況、置かれている環境を理解しましょう。部下の情報が少なすぎると、「フェーズ3：状況を見立てる」ということの精度が低くなります。部下について理解しようと思うとアンテナが立ち、自然と部下の情報が入ってくるようになります。

フェーズ3：状況を見立てる

　フェーズ2で情報を収集したら、次は部下の状況を見立てます。つまり、「現場や状況などの情報を考慮すると、部下はおそらくこういうことを言っているのだろう」と仮説を立てることです。このような状況を見立てる工程を行わずについつい色眼鏡を通して物事を判断してしまうケースがありますが、それはいけません。例えば、部下が「体調が悪い」と言ったのに、「仮病だ」と決めつけて、「この仕事を終わらせてから帰ってください」と指示を出して遅くまで残業させたとします。その結果、次の日に肺炎になったとしたら誰が責任をとるのでしょうか。そもそも状況を見立てる習慣が無い人は、どこで部下と認識がずれたのか気づくことも難しいです。まずは見立てる癖をつけましょう。

フェーズ4：対話をする

　対話は、お互いの状況、立場や意見の違いを理解し、そのずれをすり合わせることを目的としています。部下との対話は、上司自らが意識しなければ少なくなってしまいます。だからこそ、メールだけでなく、電話や面談などで対話を深めていきましょう。実際の対話で、言語だけの会話だけでなく、身振り、手振りや表情などを観察し手がかりをちゃんと拾えれば、部下の状態をより深く知ることができます。また、「あのイベントの時は大変だったけど、今から考えたらやりがいがあったよね」や、「最近、子供さんが小学校に上がったんだね」など雑談から話が盛り上がり、理解が深まることもあります。

2　「健康－心理－環境モデル」とは

　本書では、前述のフェーズ1～4、特にフェーズ3の精度を向上させるのに役立つ「健康－心理－環境モデル」を紹介します。「健康－心理－環境モデル」とは、精神科医ジョージ・エンゲル（George.L.Engel）が1977年の論文で提唱した「生物－心理－社会モデル」をアレンジしたものです。「生物－心理－社会モデル」は、人間の心理的問題や身体的な症状・病気は、直線的

な因果関係のもと何か1つに原因があるものではなく、生物的要因、心理的要因、社会的要因が相互に影響し合ったために生じた複合的な問題であるという考え方です。

「生物モデル」においては、心身の不調の要因を疾患やケガに求めます。「心理モデル」では、不調の要因を心、気持ち、ストレスなどの感情によるものと考えます。「社会モデル」では、不調の要因を会社や地域からの影響によるものと考えます。それらを複合的、包括的に考えることでより深い分析が可能となり、有効な対策の立案に役立ちます。

これを「職場における部下の理解・部下への対応」へと特化させ、産業分野でより活かせるようアレンジしたうえで、生物モデルを「健康モデル」、社会モデルを「環境モデル」と呼称したものが「健康－心理－環境モデル」です。図のように、「部下」の因子を健康面、心理面、環境面に分け、それらを複合的、包括的に考えることで、部分的な観察や見立てによる問題の見落としを防ぎ、部下への理解を深めます。

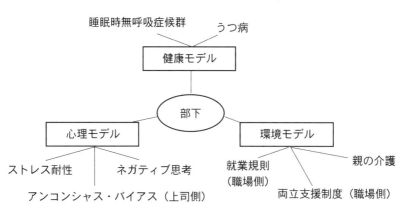

健康－心理－環境モデル（例）

健康モデルでは部下の心身における健康状態、心理モデルでは部下の性格や思考ならびに上司の意識や態度、環境モデルでは部下の家族背景や職場のルール（就業規則や社内制度など）が因子として挙げられます。部下への理解が深まれば、適切な対応を取ることも可能になります。これが個を活かすマネジメントの基本です。そのようなマネジメントができている職場環境で

あれば、能力開発などの面でも部下のさらなる成長が見込めます。ちなみに、当モデルには直接的に職務に必要な能力、特定の技能の向上といった能力開発などについての事柄は含まれておりません。

　当モデルは部下育成において“単純に部下への理解を深めたい時”もしくは“現在部下が抱えている何らかの問題を解決したい時、上司と部下との関係に問題が生じておりその解決を図りたい時”にぜひご活用ください。本書では主に後者のケースを想定して各モデルを説明していますが、前者のケースでも部下との関係をより良好にするために、また問題になり得る潜在的な要因を知るのに役立ちます。

　また、もし上司が「今何も問題はない」と思っていても、以下の例のように無意識に部下に誤った対応をしてしまったためにすでに問題が生じている場合があります。

知らぬ間にこんな対応しているかも？　誤った対応の例

「健康モデル」関係
・起立性低血圧症になっている部下に対して「ずる休みしている」と言う。 ・居眠りをしている部下に対して「問題社員である」と決めつける。 ・視野狭窄により、視力低下している部下に対して車の運転をさせている。
「心理モデル」関係
・仕事で失敗し落ち込んでいる部下に対してさらに追い込むような言葉を投げかける。 ・異動してきたばかりの部下が大変疲れている様子だが、何も声を掛けない。 ・同僚からいじめられていると相談を受けたのに、見て見ぬふりをしている。
「環境モデル」関係
・部下が肺がんと診断されても、会社の制度などの説明をしない。 ・部下の父の介護が必要であっても、何の支援も提案しない。 ・部下から妊活の相談をされた時に、自分の思い込みで判断し、苦言を呈する。

　基本的には、部下の健康状態に気になるところがある場合は第3章（健康モデル）から、部下の感情面やコミュニケーションに異変がみられる場合は第4章（心理モデル）から、部下の問題に職場としてどう対応したら良いの

かわからない場合は第 5 章（環境モデル）からお読みください。ただ、上司との不和が心理面の負荷となり健康面に問題が生じることがあるように、1つの問題は 1 つのモデルで解決できるというわけではなく、実際には 3 つのモデルを複合的に活用して問題解決を図る場面が多くなるかと思います。適宜必要な章をご確認ください。

　第 6 章では、様々な事例における、各モデルに則った対応の一例を挙げております。具体的なイメージを掴みたい方は第 6 章からお読みいただければと思います。

　なお当モデル活用の際は、次のことにご注意ください。
①当モデルは上司が部下を理解するために活用することを想定しています。モデル自体は別の場面にも活用できますが、本書においてそれを想定した説明はしておりません。
②モデルの説明時に少し触れましたが、各モデルにおける因子は、「部下」自身の因子とは限りません。例えば心理モデルにおいては、上司の意識や態度を部下の心理面に影響を与える因子とみなしています。
③前述したフェーズ 1 ～ 4 は平時の基本の流れです。実際の場面では、各モデルの活用手順（3、4 のステップに分かれています）を参考に、状況に応じてご活用ください。各ステップはそれ単体でも活用できます。
④「生物―心理―社会モデル」を参考にしてはいますが、それとは別物であることを改めてご理解ください。

3　部下の個人情報の取扱いについての注意点

　モデルを活用する際、どうしても部下の個人情報に触れることがあります。「個人情報だから部下の家族のことを知る必要はない」「部下の健康管理は自己責任なので関係ないよ」などという意見もあるかもしれませんが、部下のことを理解しようとするなら知らないではいられません。従業員やその周囲には色々なリスクがあり、それが本人に様々に影響します。例えば、認知症になりそうな高齢の親がいる部下と普段から意思疎通をしていないとどうな

るでしょうか。部下は急に介護が必要になりながらも一人で抱え込み、ぎりぎりまで我慢して行き詰まってしまい、その結果上司が知らぬ間に突然退職してしまうかもしれません。部下やその家族の状況などを総合的に捉え、課題について正確に理解したうえで対応する必要があります。

　しかし、部下から個人的な相談をされた時、他のメンバーにその情報を漏らしてしまえば、部下との信頼関係は崩れてしまうでしょう。信頼を築くのには時間がかかりますが、崩れる時は一瞬です。部下の個人情報を取扱う時は、基本的に本人の同意を得ずに、他のメンバーや関係部署に伝えることはやめましょう。

　しかしながら一方では、部下の個人情報を他者に伝えたほうが本人にとって良い場合もあります。部下から病気を告知された際、情報を隠してしまうと周りのサポートを受けにくくなってしまうかもしれません。その時は、「どこまでの内容を誰に伝えて良いのか？」について部下に詳しく確認しましょう。「病気であることは伝えてよいが、がんであるという疾患名は控えてほしい」など、しっかりとヒアリングすることが必要です。

　また、部下からハラスメントを相談された場合も、細心の注意を払いましょう。「ハラスメントがあったが誰にも言わないでほしい」と相談がされた時に、勇み足で誰かに相談して情報が漏れてしまうケースもあるからです。

　部下の個人情報の取扱いは、信頼関係のバロメーターだといえます。普段から細心の注意を払いましょう。

第3章

部下の健康状態を理解する
（「健康モデル」の活用）

Ⅰ 健康モデルの必要性

1 治療と職業生活の両立はもはや他人事ではない

　本章では「健康―心理―環境モデル」の健康モデルの説明をしますが、その前に現在社会における健康リスクがどれほどのものかについて触れておきます。最初に言っておくと、健康のリスクは多くの人が思うより遥かに身近で、現実に疾患などとして顕在化し得るものです。

　まず、日本の労働人口の約3人に1人は何かしらの疾患を抱えながら働いており、国立がん研究センターの発表によると日本人のおよそ2人に1人ががんになります。

　そのほかにも、次のような調査結果が出ています。

・6人に1人が脳卒中を経験している。（世界脳卒中機構）
・世界の成人の10人に1人が糖尿病（国際糖尿病連合）、予備軍をいれると日本で約2,000万人。（国民健康・栄養調査）
・生涯に1度はうつ病になる割合は15人に1人。（患者調査）

　だれしもが病気になるリスクを持っています。また、高年齢者雇用安定法の改正により70歳まで就業の機会を提供する努力義務が課されたこともあり、ますます病気にかかるリスク管理の必要性が高くなっています。

　一方で、病気をしても働きたいという人は多いです。東京都福祉保健局「がん患者の就労等に関する実態調査」（2014年）によると、約8割のがん患者が「仕事を続けたい（したい）」と答えています。仕事を続けたい主な理由を聞くと、「家庭の生計を維持するため」が72.5%、「がん治療代を賄うため」が44.5%と経済問題としての理由が挙がりましたが、「働くことが自身の生きがいであるため」と答えた人も57.4%おり、仕事が多くのがん患者の精神的な支えになっていることがわかります。

　高齢化社会の中で病気と上手に付き合いながら、仕事をすることも珍しいことではありません。

2　労働の生産性向上は、健康管理から始まる

　仕事を休業、欠勤している状態をアブセンティーズム（absenteeism）、出勤しているものの、何らかの健康問題によって業務効率が落ちている状態をプレゼンティーズム（presenteeism）と言いますが、アメリカの先行研究のグラフによると、健康リスク数が増えるほど労働生産性（アブセンティーズム、プレゼンティーズム）の損失割合は上昇しています。特に、データを見るとプレゼンティーズムで顕著に労働生産性の損失に繋がっています。

健康リスク数別労働生産性損失の平均割合（n=2,264）

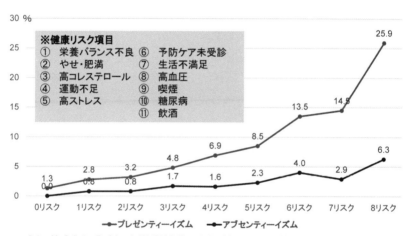

Boles, M., Pelletier, B., & Lynch, W. (2004). The relationship between health risks and work productivity. JOEM, 46(7), 737-745.

出典：厚生労働省・東京海上日動健康保険組合『「健康経営」の枠組みに基づいた保険者・事業主のコラボヘルスによる健康課題の可視化』2015 年

　経済産業省は健康経営、つまり従業員の健康管理を経営的な視点で考え、戦略的に実践することを推奨しています。健康に投資することで従業員の活力向上や生産性向上をもたらし、その結果、業績向上が期待されます。

　労働の生産性を上げるため、まずは健康管理から始めていきましょう。

3 自分の健康を意識していない人は案外多い

　繰り返しになりますが経済産業省の提唱している健康経営とは、従業員などの健康保持・増進の取組が、将来的に収益性などを高めるための投資であるとの考えの下、健康管理を経営的視点から捉え、戦略的に実践することです。その結果としての業績向上や組織としての価値向上を目指しています。

　まだ少数ではありますが意識の高い企業から、「健康経営優良法人認定制度」のご相談を受けるようになりました。

　しかしながら、職場での相談をお受けする機会では、従業員が自身の健康を案外意識していないのが現実です。各従業員には「自己保健義務」があり、安全で健康に働けるよう自らの健康状態に注意を向け、管理していくことを期待されているにもかかわらずです。

　例えば、定期健康診断で「治療が必要です。受診してください」とフィードバックをもらったとしても、「自分だけは関係ない」「まだ許容範囲だから」などと健康管理は大切だと知りつつ先送りにしてしまっているケースがあります。また、マネジャー自身がそのような考えで、部下に健康について有効なアドバイスができないなどの状況もあるようです。

　健康を意識し、行動を変えることができない部下に対しては「行動変容ステージモデル」という概念が役に立ちます。このモデルは、人が生活習慣を変える場合は「無関心期」→「関心期」→「準備期」→「実行期」→「維持期」の5つのステージを行ったり来たりする、ということを表したものです。部下にアドバイスする時は、本人がどの時期なのかを管理者がきちんと把握してアドバイスする必要があります。次の表を参考にしてください。

行動変容ステージモデル

①	無関心期	6か月以内に行動を変えようとしていない時期。 本人が現在の状況をどのように理解しているのか把握し、本人に気づきを与えるアドバイスをします。
②	関心期	6か月以内に行動を変えようとしている時期。 行動を変えるとどうなるのかについてメリット、デメリットについて情報提供をします。
③	準備期	1か月以内に行動を変えようと思っている時期。 実際に始めるにあたっての目標設定や行動計画の立案、自己決定ができるように支援します。
④	実行期	行動に移して6か月未満である時期。 自己肯定感を高めるための支援をしたり、努力を褒めましょう。
⑤	維持期	6か月以上維持している時期。 生活習慣を継続できるように支援します。

4　健康問題を軽視すると、企業のリスクが大きくなる

　健康問題を軽視する企業には、労働者自身の健康悪化のリスクのほかにも次の3つのリスクがあります。

　1つめは、プレゼンティーズムによる経済損失です。健康に問題を抱えながら仕事をすれば、生産性が低くなります。

　2つめは企業イメージ悪化のリスクです。健康問題を軽視する組織は、労働環境が悪く、離退職の激しい職場となり、結果として企業のイメージが悪くなります。

　3つめは、労災や安全配慮義務上のリスクが生じることです。健康問題を抱える従業員が業務中に負傷したり、死亡した場合に、労災が適用されるかもしれませんが、場合によっては、企業として安全配慮義務を怠ったとして訴えられる可能性があります。近年、企業側が負担する安全配慮義務の範囲が拡大しています。以下、安全配慮義務の範囲をめぐる裁判の例です。

事例1	高血圧症の基礎疾病を有していた労働者が脳出血により死亡した事案につき、労働時間の管理に関しては労働者自らの裁量に委ねられていたにもかかわらず、企業側が業務軽減など適切な措置を講じなかったことをもって安全配慮義務違反を認めた事例（システムコンサルタント事件・東京高裁1999年7月28日判決）
事例2	課長職に昇進した後、調子を崩し診断書を提出して休養しようとしたものの、上司からアドバイスを受け、そのまま休養せずに業務に従事し、最終的に自殺するに至った事案につき、たとえ自らの意思で上司のアドバイスを聞き入れてそのまま業務に従事し続けたということであったとしても、一旦労働者が医師の診断書を提出して休養を申し出ている以上、企業側としては、労働者の心身の状況について医学的見地に立った正確な知識や情報を収集し、労働者の休養の要否について慎重な対応をする必要があったとして、安全配慮義務違反を認めた事例（三洋電機サービス事件・東京高裁2002年7月23日判決）
事例3	陳旧性心筋梗塞などの基礎疾病により就業制限のなされていた労働者が宿泊を伴う研修に参加したことによって急性心筋虚血を発症して死亡した事案につき、毎月の保健師による職場巡回の際、当該労働者から体調不良などの訴えが一切なかった場合であっても、当該労働者を研修に参加させるかどうかを決定するに際しては、企業側において、当該労働者が受診している医療機関からカルテを取り寄せるとか、主治医よりカルテなどに基づいた具体的な診療、病状の経過及び意見を聴取する必要があったとして、これを怠ったのは安全配慮義務違反に該当するとされた事例（NTT東日本事件・最高裁2008年3月27日判決）
事例4	うつ病に罹患した労働者が、休職期間満了後に解雇された事案につき、解雇が無効とされるとともに、企業は、必ずしも労働者からの申告がなくてもその健康にかかわる労働環境などに十分な注意を払うべき義務を負っており、それにもかかわらず、これを怠ったとして企業側に安全配慮義務違反を認めた事例（東芝（うつ病・解雇）事件・最高裁2014年3月24日判決）
事例5	うつ病に罹患して通院加療中の派遣労働者が自殺した事案につき、派遣元および派遣先いずれにおいてもうつ病罹患の事実までは認識し得ず、かつまた、業務の過重性も認められない状況であったにもかかわらず、当該派遣労働者の体調が十分でないことを認識した以上は、単に調子はどうかなどと抽象的に問うだけでは足りず、不調の具体的な内容や程度などをより詳細に把握し、必要があれば産業医などの診察を受けさせるなどの措置を講じるべきであったとして、派遣元及び派遣先両者の安全配慮義務違反を認めた事例（ティー・エム・イーほか事件・東京高裁2015年2月26日判決）

出典：東京商工会議所『健康経営アドバイザー・エキスパートアドバイザー共通テキスト2021-2022』

　このような事例からわかるように「部下に任せていた」「部下の健康状況を知らなかった」という説明は通用しません。あらかじめ次のような対応をしておきましょう。

- ・定期健診の受診率を100％にするような取り組みを行います。また、中途採用時の従業員の場合、雇入れ時の健康診断を忘れがちなので、見落としがないよう管理します。
- ・要精密検査や要治療の診断を受けた従業員には再診を促します。
- ・過重労働にならないように時間外労働の管理は必ず行ってください。特に、生活習慣病を持つ残業の多い従業員をリストアップしてもらい、労務管理を行うことが大切です。
- ・従業員に対して自分の健康管理についての教育をします。

Ⅱ 健康モデルの活用手順

　これまで述べてきたように、健康のリスクは多くの人が思うよりずっと身近で、そのリスクを軽視する企業にこそ大きなリスクが存在します。企業において部下をマネジメントする立場の上司には、そういったリスクを減らすためにも、常日頃から部下の健康面への理解を深めることが求められ、その際に健康モデルは有効です。

　健康モデルは、次のような3つのステップから成り立っています。端的に言えば、部下の異変に気づき、部下の状態を把握し、担当者や産業医などに繋ぐ、という流れになります。部下の変化に敏感になり、医師との役割を区別して対応することが大切です。

　ステップ1. 部下の健康状態を理解し、早めに体調の異変に気づく
　ステップ2. 健康問題は、「事例性」と「疾病性」に分けて考える
　ステップ3. 部下の健康課題に配慮する

STEP 1　部下の健康状態を理解し、早めに体調の異変に気づく

・部下の健康管理において上司が心掛けること

　まず部下の健康管理において、上司は次のようなことを心掛けましょう。
①部下の健康管理は業務の一環であると認識する。
②自分自身の健康管理について気をつける。
③部下のプライバシーの保護を念頭におく。環境調整をするために、周囲にプライバシーにかかる事柄を開示する時は、事前に本人に同意を取り、どの部分まで開示して良いのかについて配慮する。

④部下の変化に気づいたら、一人で抱え込まず、その段階で担当者、産業
　医などと連携する。産業医がいない場合は、総務など健康管理を行って
　いる担当者などに繋ぐ。
⑤場合により家族と連携する。
⑥健康状態が良くない場合には、職場の環境を調整したり、休息を与える
　ことを検討する。

・部下の体調の異変に早めに気づく方法

　部下の体調の異変に早めに気づくには、次の３つの方法、「しぐさを観察
する」「いつもと違う変化に気づく」「声掛けをする」が有効です。
①しぐさを観察する。
　　上司は部下の言葉に囚われがちですが、感情にも目を向け、身振りや手
　振りなど非言語的なチャンネルで発せられる思いを受け取りましょう。
・口で「大丈夫です」と言いながら、表情が曇り、声が沈んでいる。
・「もうだめだ！」と言う割には、晴れ晴れとした表情をしている。
　　このように、言葉と非言語のチャンネルが異なったメッセージを伝えて
　いる時は、何らかの感情を抱えている可能性がありますので、その気持ち
　を汲み取ってあげましょう。
②いつもと違う変化に気づく。
　　いつもと違う部下の変化に気づくためには、次のように「姿勢」「動作」「表
　情」「目」「会話」「身なり」を観察します。
・姿勢は、背筋が伸びてシャンとしているか？
・動作は、ダラダラしていないか？
・表情は、イキイキしているか？
・目は、血走っていないか？
・会話は、ハキハキしているか？
・身なりが、乱れていないか？
　　また、うつ病の可能性を発見するための「ケチな飲み屋サイン」（医学
　博士の鈴木安名氏が提唱したうつ病の可能性のあるサインを語呂合わせに

したもの。出典:鈴木安名『人事・総務担当者のためのメンタルヘルス読本』労働科学研究所出版部、2005年) も参考になります。

- け「欠勤」
- ち「遅刻・早退」
- な「泣き言を言う」
- の「能率の低下」
- み「ミス・事故」
- や「辞めたいと言い出す」

③声掛けをする。

　部下の健康状況を知るうえで質問は有効です。ただ部下に「大丈夫か？」と聞いたところでなかなか本音は話してくれません。雑談の中で「最近、眠れている？」などと声掛けすると案外本音を話してくれるものです。建設現場では、「健康KY」と言って健康に関する危険予知として3つの言葉掛けをしています。

- よく眠れたか？
- おいしく食べられたか？
- 体調は良いか？

　つまり、睡眠、食欲、身体状況を確認するための質問をして、健康をチェックしているのです。

　以上3つの方法のうち、ご自身のやりやすい方法で部下の健康状況を確かめてください。

・部下のメンタルヘルスの異変に早めに気づく方法

　部下の様子がいつもと違う時、メンタルヘルスの管理者として3Lを行いましょう。聞き取りの仕方については第4章(心理モデル)をご参照ください。

　3Lとは、次の通りです。

- Look（部下の変化を観察する。）
- Listen（部下の話を聞く。）
- Link（産業医や関係部署に繋ぐ。）

　3Lの中でも、部下の話を聞くことはとても重要です。

　部下の話を聞く時は次の手順で行います。

① 30分以上時間が取れるタイミングを選ぶ。

　上司と部下ともに最低でも30分以上余裕がある時に話を聞くようにしましょう。

②最初に声掛けをする。

　例えば、「最近、なんかいつもと違う感じがして気になっているんだけど、少し話できるかな？」などと声掛けをします。

③プライバシーに配慮できる場所へ移動する。

④話を聞く位置を考慮する。

　真正面に向き合わずに、お互いの座る位置は90度ぐらいの角度が望ましいです。

⑤相手の話は、全て肯定して聞く。

　話を聞く時は、まず最後まで聞くという気持ちで聞きます。部下と意見が違っていても、相手に理解させようという行為は、逆効果です。

⑥相手の言っていることをそのまま繰り返す。

　復唱することで、「きちんと自分の話を聞いてくれている」という信頼感が生まれます。

　また、意見を求められた際、わからないことはわからないと伝えましょう。

⑦必ず、睡眠、食欲、体重の増減の3つの質問を聞く。

・睡眠はしっかりとれているか？　中途覚醒はないか？　寝つきが悪く、朝早く目が覚めるなどはないか？

・食欲はあるか？

・急激に体重は減ってないか？　1か月に5キロ以上の増減がないかどうか？

健康問題は、「事例性」と「疾病性」にそれぞれ分けて考える

　部下が体調不良やメンタル不調になったとしても、何も対策を取らなかったり、メンタル不調者が部署から出ると体裁が悪いので、自分の保身のために部下が病気になったことを隠したりする場合があります。しかしそれでは部下の病気は進行するだけで何の解決にも至りません。まず上司が部下の病気などに向き合い、部下と話し合ったうえで対応する必要があります。その際には、「事例性」と「疾病性」にそれぞれ分けて考えると状況を整理しやすいです。

　事例性とは、病気になったために業務上困っていることです。例えば、「遅刻、早退、欠勤が多い」「以前できていた仕事がうまく進まない」「周囲とコミュニケーションがとりづらい」「ミスや事故が目立つ」など勤怠、仕事、行動の問題があります。

　疾病性とは、「病気かどうか」「どのような病気なのか」「病気の程度はどうなのか」「どのような治療をするのか」など病気に関することです。

　前者は上司の役割であり、後者は医師の役割です。病気は医師が診断するものなので、役割を分担しましょう。上司が一人で対応しようとしても病気の専門的なことについては判断できません。一方、主治医は診断をすることはできますが、患者の業務については詳しく知らないでしょう。

　そこで、産業医などと連携を取り業務や環境の調整を図ります。

・小規模事業所の場合
　→産業医がいないことが多いので、部下の同意を取り、主治医に対して情報提供書（厚生労働省「勤務情報を主治医に提供する際の様式例」）を書いてもらい、業務や環境を調整します。
・専門家に相談したい場合
　→都道府県ごとに設置されている産業保健総合支援センターにて無料で相談することができます。

勤務情報を主治医に提供する際の様式例

（主治医所属・氏名）　　先生
　今後の就業継続の可否、業務の内容について職場で配慮したほうがよいことなどについて、先生にご意見をいただくための従業員の勤務に関する情報です。
　どうぞよろしくお願い申し上げます。

従業員氏名		生年月日	年　　　月　　　日
住所			

職　　種	※事務職、自動車の運転手、建設作業員など		
職務内容	（作業場所・作業内容） □体を使う作業（重作業）　□体を使う作業（軽作業）　□長時間立位 □暑熱場所での作業　　　　□寒冷場所での作業　　　　□高所作業 □車の運転　　　　　　　　□機械の運転・操作　　　　□対人業務 □遠隔地出張（国内）　　　□海外出張　　　　　　　　□単身赴任		
勤務形態	□常昼勤務　　□二交替勤務　□三交替勤務　□その他（　　　　　　　）		
勤務時間	時　　分 ～ 　　時　　分（休憩＿＿時間。週＿＿日間。） （時間外・休日労働の状況：　　　　　　　　　　　　　　　　　　　） （国内・海外出張の状況：　　　　　　　　　　　　　　　　　　　　）		
通勤方法 通勤時間	□徒歩　□公共交通機関（着座可能）　□公共交通機関（着座不可能） □自動車　□その他（　　　　　　　　　） 通勤時間：（　　　　　　　　　　　　　）分		
休業可能期間	＿＿＿年＿＿＿月＿＿＿日まで（＿＿＿＿日間） 　　　　　　　　　　（給与支給　□有り □無し 傷病手当金●％　）		
有給休暇日数	残　　　　日間		
その他 特記事項			
利用可能な 制度	□時間単位の年次有給休暇　□傷病休暇・病気休暇　□時差出勤制度 □短時間勤務制度　□在宅勤務（テレワーク）　□試し出勤制度 □その他（　　　　　　　　　　　　　　）		

　上記内容を確認しました。
　　平成　　　年　　　月　　　日　　（本人署名）＿＿＿＿＿＿＿＿＿＿＿＿＿＿＿
平成　　　年　　　月　　　日　　（会社名）

出典：厚生労働省「勤務情報を主治医に提供する際の様式例」

・病院に行くことをためらう部下の場合

　→まずは事例性に焦点をあてて情報を収集します。その後、本人への受診
　　勧奨や家族の協力を仰ぐ際、事例性で情報収集した客観的な事実を伝え
　　ると良いでしょう。また家族に協力してもらう時は、家族との関係性が
　　悪い場合も考えられるので、事前に本人の同意を得ましょう。

STEP 3 部下の健康課題に配慮する

　上司は健康課題のある部下に対し配慮する必要があります。配慮とは具体的には、上司が部下に対して「補完」「支援」「環境整備」をすることです。職場のメンバーの誰が病気になったとしても本人が気持ちよく働ける職場を目指します。

　「補完」とは、部下の足りない部分を他のメンバーが補うことです。例えば、元気な時は 1 人でできた業務であっても、入院や通院などにより単独でできない場合には、数名で対応するように業務の割り振りを行います。

　「支援」とは、キャリアや日常的な悩みに対する相談についての支援です。病気になってしまうと、健康上の課題だけでなく、金銭的な課題、今後のキャリアの課題、家族の課題などたくさんの課題が出てきます。その時には親身になって相談にのってあげましょう。

　「環境整備」とは、病気になった部下と周囲のメンバーが共に働きやすいように環境を整備することです。例えば、病気になった部下が通院しやすいように休暇の活用を提案したり、時差出勤、時短出勤などの勤務制度を提案する、といった対応が該当します。さらに周囲のメンバーも働きやすくなるよう当人の同意を取ったうえでお互いに情報共有し、働きやすい職場作りを進めましょう。

　部下の健康状態が良くなければ、十分なパフォーマンスを出せず、育成の効果もあがりません。日頃より部下を観察し、気づき、対応することが大切

です。

　健康状況を把握するのが上手い方といえば、それは小学校の先生でしょうか。子供がしんどそうにしていたら、表情を見て声掛けをします。体調が悪そうだったら、保健室に行くように促します。小学校の先生のように、自然に部下の健康管理ができることが望ましいです。部下の健康状態を把握するために、色々な視点を参考にしてみてください。

　ある企業では、上司が部下の疲弊する姿に早めに気づき、話し合ったことによって有給休暇の活用に繋がりました。健康状態はすっかり回復し、その部下は今も元気に仕事をしています。一方、別のある企業では、上司が部下の健康状態の悪化に気づくことはありませんでした。部下は欠勤が続いた末に休職し、やがて休職期間満了で退職しましたが、その後も体調が戻らなかったとのことです。このような悲しい結末は避けなければいけません。

　部下自らが健康管理をすることは当然ですが、上司もマネジメントの一環として部下の健康管理の知識を得て、職場にて実践していただきたいと思います。ここからは参考までに、様々な健康課題を抱える部下に対する取り組みの例をご紹介します。

部下の健康課題に対する配慮の参考例

・睡眠に関係する健康課題

日中働く人のための快眠の薦め

　NHK放送文化研究所（2020年調査）によると、日本の平均睡眠時間は7時間12分と、他の国に比べて睡眠時間が短い傾向にあります。また、ニューロスペースの「睡眠実態調査」によると会社員の7割以上が睡眠不足であり、原因は「遅い帰宅時間」「通勤時間の長さ」「ながらスマホ」「家事」「育児」となっています。

　帰宅時間が遅くなりますと、睡眠時間が短くなります。とりわけ育児をしながら働いている女性は睡眠が足りません。私の周りでも育児しながら働いている女性は、「明日は、お弁当を作るから5時起きだね」「子供が夜泣きするので眠れない」「子供の塾の送り迎えで大変！」など睡眠時間を削りながら毎日を過ごしています。

　本当にこのままで良いのでしょうか。睡眠は、身体を休める機能だけでなく、脳を休息させたり、脳をより良く活動させる機能を持っています。だからこそ、きちんと眠ることが大切なのです。

　参考までに、簡単にできる快眠対策をご紹介します。

　①朝ごはんを食べる

　　身体のリズムを整えるためには、朝ごはんをしっかり食べることです。トリプトファン、ビタミンB6の入った食事を選びましょう。トリプトファンは、肉類、魚介類、卵・乳製品などに含まれています。朝に食欲がない方は、せめてバナナ1本を食べましょう。そして朝の光を浴びることで、幸せホルモンであるセロトニンが生成され、夜には、睡眠を促進するホルモンであるメラトニンに変換されます。朝ごはんを食べることにより、食事で腹時計をセットすることができます。

②太陽の光を浴びる

　昼間は太陽の光を浴びましょう。太陽の光をしっかり浴びることで脳の時計をセットすることができます。光を浴びにくい職場では、休憩時間に外に出てみましょう。逆に、寝る前は部屋の明かりを落とし携帯なども見てはいけません。朝、昼はしっかりと光を浴び、夜になったら、眩しい光を浴びないようにし、暖色系の照明で過ごしましょう。

③仕事の効率を上げるために、昼寝を活用する。

　仕事の効率アップのために、10分から20分程度の昼寝を活用しましょう。机の上で目をつぶって伏せる程度の浅い睡眠にとどめます。20歳代は、15分程度まで、30代から40代は、15分から20分、50代を過ぎたら30分までを目安にします。三菱地所では仮眠制度を導入しており、「昼12時から15時の間、15分から30分の仮眠」が生産性を高めるといった効果が出ているようです。

④時間帯により仕事の内容を調整する

　重要な仕事は、9時から13時までがおすすめです。昼間14時から15時は眠気でミスや事故が発生しやすい時間帯です。夕方17時から21時は仕事やスポーツに適した時間帯なので、仮眠には向きません。昼からの会議が進まない場合には、朝か夕方に会議をすることをお薦めします。

⑤睡眠と肥満の関係性を知る

　若い時より食べる量は減っているにも関わらず、太ってしまうのは、運動不足と睡眠不足が一因です。特に睡眠不足は、空腹感を増進させるホルモンのグレリンが増加する一方で、食欲を抑え、代謝を促すホルモンのレプチンが低下するからです。つまり、ホルモンの変化により、食欲が増加するのです。午後10時から午前2時頃までは脂肪がつきやすい時間帯です。どうしても食べたい時は、ライトな食事を選びましょう。

夜勤で働く人のための仮眠の取り方や夜勤明けの過ごし方

　職種でみると、医師、看護師、介護士、工場勤務、警備員、インフラ整備職、ホテルスタッフなどたくさんの職種の方が夜勤をされ、2交替制や3交替制などのシフト勤務をしています。夜勤で働く人々は、本来眠るべき夜間に起

きているため、生体リズムが狂ってしまいがちです。その改善のための方法を3つご紹介します。

①夜勤のある日の16時に80分から100分の長めの仮眠を取りましょう。ただし、17時を超えて仮眠をスタートすると、17時から20時までは体温が高くなり、快適な仮眠が取りづらくなりますので、この時間のスタートはあまりお勧めできません。

②夜勤中は、眠たくなる前に15分から20分程度の仮眠を取りましょう。

③夜勤後、太陽の光を浴びると、身体が目を覚ますので、なるべく光を浴びないように帰宅しましょう。サングラスを使用するなどの方法があります。

日中どうしても眠いのはなぜ？

　ある企業のマネジャーから「会議中にいつも眠っている問題社員がいる」との相談を受けました。マネジャーは「日常の生活態度や仕事に対する姿勢に問題があるのでは？」と考えていました。後日、その方にお会いしてお話を伺ったところ、「私はもしかして睡眠時無呼吸症候群ではないか？」との疑問を持ちました。医療機関を受診するように提案したところ、「まさに睡眠時無呼吸症候群だ」と診断されたそうです。幸いなことにきちんと治療を受けた後は、会議中に眠ることはなくなりました。

　睡眠時無呼吸症候群（Sleep Apnea Syndrome; SAS）とは、睡眠時に呼吸停止または低呼吸になる疾患であり、SASと言われることもあります。家族のいる人だと、「いびきの音が凄い」「寝ている間に息が止まっている」と言われて医療受診する場合が多いです。一人暮らしの場合は、上司と出張で同じ部屋に泊まった時などに他人に教えられてはじめて本人が認識することもあります。エプワース眠気尺度という、日中の眠気の程度を調べる自己申告方式の評価法がありますので、気になる方は試してみてください。この尺度のことは、睡眠について教えていただいている医師から教わりました。最近では、運送業界の運転手が事故防止の目的で活用しています。

睡眠不足や病気が原因で交通事故を起こす

　研修やコンサルティング時にひやりとする話を聞くことがあります。以下

エプワース眠気尺度（Epworth sleepiness Scale；ESS）

お名前：　　　　　　ご年齢：（　）歳　　ご記入日　　年　　月　　日

　あなたの最近の生活の中で、次のような状況になると、眠くてうとうとしたり、眠ってしまうことがありますか？
　下の数字でお答えください。（○で囲む）
　質問のような状況になったことがなくても、その状況になればどうなるかを想像してください。

　　　　0＝眠ってしまうことはない。
　　　　1＝時に眠ってしまう。
　　　　2＝しばしば眠ってしまう。
　　　　3＝だいたいいつも眠ってしまう。

1．座（すわ）って読書中	0	1	2	3
2．テレビを見ているとき	0	1	2	3
3．人の大勢いる場所（会議や劇場など）で座っているとき	0	1	2	3
4．他の人の運転する車に、休憩なしで1時間以上乗っているとき	0	1	2	3
5．午後に、横になって休憩をとっているとき	0	1	2	3
6．座って人と話しているとき	0	1	2	3
7．飲酒をせずに昼食後、静かに座っているとき	0	1	2	3
8．自分で車を運転中に、渋滞や信号で数分間、止まっているとき	0	1	2	3

合計点：　　　点（□ 0 ～ 10　□ 11 ～ 15　□ 16 ～ 24)

・合計点11点以上で病的過眠領域とされ、睡眠時無呼吸症候群(SAS)に罹患している場合は治療を要します。
・合計点11点以上が治療を要するレベルですが、11点未満であっても慢性的ないびきをかく人、睡眠時に呼吸が止まる人、日中頻繁に眠気を感じる人もSASの可能性があります。
・検査時点に眠気を過小評価し、得点が低くなる傾向があります。客観的に本人の眠気を評価できる家人に協力してもらって検査して下さい。
・検査によりSASの疑いを持った場合は、専門医の検査、診断を受けられるようお勧めします。

出典：栃木県警察ホームページ

のように、病気が原因で交通事故を起こしそうになった、という話です。

【金融機関の営業職のケース】

　メンタルヘルス研修の一部で「睡眠と病気」に関わる話をした研修後に、受講生である金融機関の営業職の方より、「仕事中車で移動しているが、昼間とても眠たくなって目をこすりながら、運転しています。どうしたらいいですか」と質問を受けました。まずは、医療機関を受診されることと、上司にそのことを話すことを薦めました。併せて、車に乗っている時に眠たくなった時は、駐車できる場所を見つけてしばらく仮眠を取るようにお伝えしました。その後、病院では睡眠時無呼吸症候群と診断されたそうです。

【運送業の運転手のケース】

　睡眠の研修をご依頼いただいた運送業者の話です。一般の方から「貴社のトラックが蛇行運転をしているので、確認したほうが良い」と連絡が入りました。トラックには会社名が入っていました。そこで、本人に確認すると、眠気を我慢しながら運転をしていたとのことです。会社の指示で病院に行くと、睡眠時無呼吸症候群だと診断されました。

【企業の事務職のケース】

　事務職従業員が、睡眠不足がたたり通勤途中に他の車と接触事故を起こしました。不幸中の幸いか人身事故には至りませんでした。本人に理由を聞くと、毎日の睡眠不足が重なり、居眠り運転に繋がったようです。

【企業の営業職のケース】

　新人研修後に、新人の営業職の方が質問にこられました。「仕事で車に乗るのですが、時々自分でも『大丈夫かな？』と思う時があるんです。どうしたらいいですか？」と話されていました。そこで、病院の受診を勧めたところ、ナルコレプシーだと診断されました。ナルコレプシーとは、「居眠り病」とも言われ、昼間に突然我慢できないほどの強い眠気に襲われ眠ってしまう病気です。診断後は、上司と相談し、車を運転する業務を除いてもらうよう環境の調整をしてもらいました。

> **【介護送迎ドライバーのケース】**
>
> 　介護施設での送迎ドライバーとして、60歳過ぎの男性従業員を採用しました。面接時に経歴をお聞きすると、前職ではタクシーや介護送迎ドライバーとして活躍されていたようでしたので採用しましたが、雇入れ後3か月経過した頃から、介護士から管理者に対して「ドライバーと一緒に同乗したくない」との声が上がりました。送迎中のドライバーに話し掛けたところ、「目が見えにくい。勘で運転してるんだ」と言われ、そこで不安を覚えて管理者に相談をした、という経緯のようです。管理者がドライバー本人に話を聞いてみると、安全に不安を感じる内容だったので、眼科への受診勧奨をしました。結果的に、「視野狭窄と加齢に伴った視力低下により、運転業務は好ましくない」という診断が下されました。管理者はドライバーと面談をし、運転業務以外の業務への配置転換を提案しました。

　このようなことが起きないよう、通勤や業務で車を運転する方の健康状況を確認しておきましょう。睡眠不足や睡眠時無呼吸症候群にもかかわらず運転されている方に、交通事故やヒヤリハットは多いです。大きな事故を防ぐため、ヒヤリハットになる前の段階で、前述したような対策を取ることが大切です。

自動車の運転に支障を及ぼすおそれがある病気など

- 脳血管疾患・心疾患
- 統合失調症
- てんかん
- 再発性の失神
- 無自覚性の低血糖症
- そううつ病
- 重度の眠気の症状を呈する睡眠障害
- 認知症
- アルコールの中毒（者）

　上記の病気などにより大事故に至ったケースもあります。いくつか事例を見てみましょう。

【鹿沼市クレーン車暴走事故】

2011 年 4 月に栃木県鹿沼市でクレーン車が児童の列に突っ込み 6 人が死亡。てんかん患者の男がクレーン車を運転中、発作が起きた事が原因で発生した交通事故。

【京都祇園軽ワゴン車暴走事故】

2012 年 4 月に京都の祇園で軽ワゴン車を運転してしていた運転手の男性が、運転中に暴走し、運転者を含む 8 名が死亡、12 人が重軽傷を負った交通事故。事故原因は最終的に運転手の持病のてんかん発作によるものであることが明らかとなった。

【江東区の首都高速湾岸線でトラックがワンボックス車に追突】

2012 年 7 月に首都高速湾岸線で発生。渋滞で減速していたワゴン車にトラックが追突し、ワゴン車に乗っていた 4 人が死亡、2 人が重傷を負った。事件後の取り調べの結果、運転者は睡眠時無呼吸症候群と診断された。

【関越道藤岡ジャンクションでツアーバスが防音壁に衝突】

2012 年 4 月に乗客約 40 名を乗せたバスが群馬県藤岡市の関越道で防音壁に衝突。乗客 7 名が死亡する事態になった。鑑定留置の結果、運転手は睡眠時無呼吸症候群と診断された。

【山陽新幹線岡山駅ホームはみ出し】

2003 年 2 月に JR 山陽新幹線岡山駅で東京行の新幹線が、所定の位置より約 100m 手前で止まり、3 両ほどがホームからはみ出したまま停車。車掌が運転席に駆けつけると、運転士は腰掛けたまま睡眠中であった。後の調べで、この運転手は体重が 100kg を超える肥満タイプであり、眠りが浅いなど数年前から睡眠時無呼吸症候群の自覚症状があったことが判明した。

　部下が病気でありながら運転している場合もあるので、上司には事前の確認が求められます。大切なのは、部下が病気を自覚しているかどうかに関わらず、運転前に上司が部下の予兆を把握することです。国土交通省の「事業用自動車の運転者の健康管理マニュアル」には、「自動車の運転に支障を及ぼすおそれがある一定の病気等とその前兆・自覚症状・救急要請すべき症状」について書かれていますので、参考にすると良いでしょう。

別紙 自動車の運転に支障を及ぼすおそれがある一定の病気等とその前兆・自覚症状・救急要請すべき症状

　自動車の運転に支障を及ぼすおそれがある一定の病気等とその主な前兆や自覚症状を下記の表のとおりまとめた。

病名		主な前兆や自覚症状
脳血管疾患	くも膜下出血 脳内出血 脳梗塞	**麻痺・しびれ** ・片方の手足・顔半分の麻痺・しびれ ・力はあるのに立てない、歩けない ・フラフラする **言語の障害** ・呂律が回らない ・言葉がでない ・他人の言うことが理解できない **知覚の障害** ・片方の目が見えない、カーテンがかかったように突然一時的に見えなくなる ・物が2つに見える ・視野の半分が欠ける **痛み** ・強い頭痛
心疾患	虚血性心疾患 （心筋梗塞・ 狭心症）	ー典型的な症状： 　胸が痛い、胸が圧迫される、締め付けられる ー非典型的な症状： 　心窩部痛、吐き気、のどの圧迫感、左肩・上肢の痛み
	心不全	・尿量が減る ・体重が増える ・足のむくみ ・息切れ、呼吸がしにくい ・消化器症状（食欲低下、吐き気、消化不良、身体がだるい、肝臓のあたりが重いなど） ・咳、痰
	不整脈	脈が飛ぶ、胸部の不快感、動悸、めまいなど。重篤になると吐き気や冷や汗、意識が遠くなる（失神状態）などの症状が現れる。
統合失調症		・独り言、空笑いをする ・会話にまとまりがない ・落ち着きがない ・意味不明の唐突な行動をする ・目がすわり、表情が乏しい ・ぎこちない動作をする ・幻覚を見る、妄想を言う ・勤怠状況や勤務態度が変化する ・身なりに構わなくなる
てんかん		・ひきつけ、けいれん ・ボーッとする

		・体がピクッとする
		・意識を失ったまま動き回ったりする
再発性の失神		・気分不快、悪心、嘔気
		・めまい、ふらふら感
		・もうろうとした感じ
		・血の気が引くような感じ
		・目の前が一瞬真っ暗になる
		・虚脱感、倦怠感
		・四肢冷感、発汗
		・動悸
		・背部痛、胸痛、腹痛
		・頭痛、頭重感
		・視野異常（かすみ、狭窄、物が二重に見える）
		・周囲の音が聞こえない（隔絶感）
無自覚性の低血糖症		・空腹感
		・悪心、吐き気
		・動悸、冷や汗
		・不安感
		・眠気、ぼーっとする
		・めまい
		・脱力感、動作がにぶい
		・集中力低下、計算力の低下
		・眼のかすみ
		※症状がなく、意識消失をきたす場合もある
そううつ病		○躁状態
		・急に口数が増える
		・話の内容が大げさになる
		・気前が良くなる、借金をする
		・行動的になる
		○うつ状態
		・遅刻、欠勤
		・泣き言をいう
		・能率低下
		・ミス、間違いが増える
		・口数が減る、社交を避ける
		・だるい、気力がない
		・不眠
睡眠障害	ＳＡＳ	○夜間、睡眠時に
		・いびきをかく
		・息が止まる
		・呼吸が乱れる
		・息が苦しくて目が覚める
		・なんども目を覚まし、トイレに行く（夜間頻尿）
		○日中起きているとき
		・しばしば居眠りをする
		・記憶力や集中力が低下する
		・性欲がなくなる
		・性格が変化する
		・体を動かすときに息切れする

認知症	・もの忘れがひどい ・判断・理解力が衰える ・時間・場所がわからない ・人柄が変わる ・不安感が強い ・意欲がなくなる
アルコール中毒	**○離脱症状（酒が切れると出現する症状）** ・自律神経症状：手のふるえ、発汗（とくに寝汗）、心悸亢進、高血圧、嘔気、嘔吐、下痢、体温上昇、さむけ ・精神症状：睡眠障害（入眠障害、中途覚醒、悪夢）、不安感、うつ状態、イライラ感、落ち着かない **○飲酒行動の異常** ・仕事中の酩酊、隠れ飲みを行う ・酔うと必ずからむ、ほとんど必ず大暴れする ・何度も禁酒（断酒）を宣言する ・毎日純アルコール 150ml（清酒換算約 5 合）以上飲酒する、短時間に大量飲酒する ・酔うと不適当な時間・場所・距離の電話をする

出典：国土交通省「事業用自動車の運転者の健康管理マニュアル」

また運転前には正常だったとしても、運転中に体調が悪くなってしまう可能性もあります。普段からそうした場合には次のような行動をとるよう、あらかじめ部下に伝えておきましょう。

・安全な場所に停車して安全を確保する。
・救急車を呼ぶ。
・無理して運転を続けない。
・体調に不安がある場合は、運転を控える。
・命を守る。

　病気だから運転してはいけないというわけではありません。運転できる状態かどうか見極め、場合によっては医師に相談しながら健康管理に取り組むことが大切です。

・女性特有の健康課題

　女性従業員に対してキャリアコンサルティングを行った時、理由なく突然、急に涙ぐまれた経験があります。最初のうちは「何か気に触ることを話したのかな?」と思っていたのですが、その後他の方との相談でも同じようなことがありました。後になって女性特有の健康課題が原因だということがわかりました。このようなことは次の3つのケースで特に起こる可能性が高いです。

　1つめは、妊娠・出産の時期に関わるケースです。人によっては、妊娠、出産によりひどいつわりがあったり、育児不安に陥ったり、疲れやすく、不眠になることもあるので、本人と対話しながら現状を把握します。

　出産直後に起きるマタニティブルーズには特に注意が必要です。マタニティブルーズは一過性の軽度の抑うつ状態で、病院に通院する必要がありませんが、状態が続くようであれば、病院の受診勧奨が必要になってきます。長引く場合は、産後うつ病の可能性があります。

　2つめは、月経関連の症状や疾病がある時です。PMS（月経前症候群）は、

月経前の3〜10日の間に続く精神的、身体的な症状で、月経が始まるとともに症状がおさまったり、なくなったりするものです。本人自身、「調子が悪い」と思いつつ、気のせいだと思い過ごしてPMSには気づかないことがあります。また、月経前のメンタル不調の原因が、月経前不快気分障害（PMDD）にある場合もあります。PMDDとは、月経開始前の最終週に始まり、感情不安定や抑うつ気分をもたらす病気のことです。私が関わった女性従業員の方で、悲しい話をしていないにもかかわらず、1時間ほど涙が止まらない方もおられました。本人は「PMDDで涙がとまらないので気にしないでください」と話されていました。この方はPMDDと医師から診断されていて、症状についても自身でも理解されていたので問題はありませんでしたが、知らなければ周囲が対応に苦慮するケースだと思います。

　3つめは、不妊・妊活中の時です。不妊や妊活はセンシティブな問題ではありますが、最近では通院のスケジュール調整をするために職場でカミングアウトし、上司に相談する場合が増えてきました。

・高齢者特有の健康課題

　「人生100年時代」と言われるなか、高齢者が働く機会は増えました。私が関与した企業で最高齢の方は、79歳の方です。高齢者が働きがいをもち仕事をすることは素晴らしいと思いますが、健康管理には留意する必要があります。高齢者には、視覚、聴覚、平衡感覚など感覚機能及び身体の筋力、柔軟性、速度に関する運動機能、記憶力や学習能力などの精神機能などの低下がみられます。高齢者の健康課題については個人差がありますが、次の3つのことには配慮しなければなりません。

（高齢者が働くうえで配慮すべき3つのこと）
①健康状態を常に把握する。
　健康状況を常に気遣うことが大切です。加齢に伴い、身体は徐々に衰えていきます。日頃から気を配りましょう。特に、業務上もしくは通勤で車を運転する場合は、認知機能の低下も確認しましょう。
②仕事の負担を軽くする。
　健康状態により、作業管理、勤務形態や勤務時間を工夫しましょう。

③職場の環境を整え、配慮する。

　職場環境における配慮としては、身体的機能の低下を補う設備・装置の導入などハード面の整備があります。また脱水症状を生じさせないように意識的に水分補給を推奨したり、高齢者に聞き取りやすい中低音域の声で話したり、特性に合わせ配慮した無理のない業務量を割り振るなどの環境の調整が必要です。

・リモートワークにおける健康課題

　リモートワークにおいては、それぞれ在宅の就業環境が異なり、コミュニケーションもとりづらいため、労務管理がしにくくなります。この状況下での健康管理のやり方を考えてみましょう。

　①長時間労働に気をつける。

　プライベートと業務の境目がなくなるので結果として長時間労働になりやすくなります。健康管理について教育し、特に自己管理が苦手な部下に対しては、日頃からスケジュールツールなどを使い状況を把握します。

　②メンタル不調にならないようにコミュニケーションを心掛ける。

　一人で仕事をしていると孤独感などから不安を感じる人がいます。そのため、業務メールだけでなく、チャットなどでのコミュニケーションを心掛けます。また、健康管理の相談窓口、担当者などを決め、従業員に周知します。

　コロナ禍でリモートワークが増えたとはいえ、リモートワークに馴染めない方もいらっしゃいますので、様々な配慮をする必要があります。

・発達障害傾向のある従業員への理解

　最近、経済産業省では「ニューロダイバーシティ」を推進しています。ニューロダイバーシティ（Neurodiversity、神経多様性）とは、「Neuro（脳・神経）」と「Diversity（多様性）」という２つの言葉を組み合わせて生まれた言葉です。「脳や神経、それに由来する個人レベルでの様々な特性の違いを多様性と捉えて相互に尊重し、それらの違いを社会の中で活かしていこう」という考え方

を指します。

　企業において時おり発達障害傾向の従業員についてのご相談をいただきますが、会社側で周囲にきちんと理解されていない場合が多いです。まずは、発達障害の中でも多い ASD（自閉症スペクトラム）と ADHD（注意欠陥・多動性障害）の特性と就労への影響について簡単に説明します。

（ASD の特性と就労への影響）

・社会性の問題があるため、対人関係を上手く維持することができない。

・コミュニケーションに問題があるため、周囲が配慮をしても気づきが難しい。

・想像力に問題があるため、同じ問題を繰り返し、不測の事態に対応できない。

（ADHD の特性と就労への影響）

・注意が欠如しているため、忘れっぽく、物事の優先順位をつけることが難しい。

・多動性があるため、落ち着いて取り組めず、適度な発語ができない。

・衝動性があるため、思いついたような発言をし、人の話を聞くのが苦手で人の話を遮る。

　発達障害についての簡単な知識を持っている上司は「部下が発達障害だが、どのように本人に気づかせるのが良いのか？」「周りが発達障害の従業員の対応に困っている」などのように発言しがちですが、そもそも医師の診断を受けずに、発達障害であると断言し、安易にラベリングすることは避けるべきです。発達障害とは、基本的には脳の機能障害と言われ、発達特性に凸凹があることです。特性はなかなか変わりませんが、その方に配慮して環境の調整をするなどの対応が必要です。周囲の従業員から発達障害傾向のある従業員に対して不満が出てきた場合にも、本人を無理に変えようとせずに、自分達の対応を変えることも大切だと伝えるほうが良いかもしれません。

・各職種における健康課題とその対策

　職種によっては、腰痛、熱中症、眼精疲労など特有の症状を起こしやすくなります。

腰痛は、重い物を持ち上げたり、座りっぱなしや立ちっぱなしの状態での作業が多い職種に起こりやすいです。例えば、看護職、介護職、運送業務などです。腰痛予防には、作業方法の変更、腰痛予防の体操、腰痛予防に対する教育が有効です。

　熱中症は、高温多湿な環境下において、体内の水分及び塩分（ナトリウムなど）のバランスが崩れることで、循環調節や体温調節などの体内の重要な調整機能が低下するものです。私の関与先でも建設業務や造船業務の作業員の方が熱中症になったケースがありました。特に、高齢の従業員は、喉の渇きを感じた時にはすでに水分不足になっていることがあります。だからこそ、早めに水分や塩分を補給したり、休憩を適宜取るなどの対策をとりましょう。

　長時間の VDT（Visual Display Terminals）作業は、眼精疲労に繋がります。オフィス事務、CAD やプログラマーなど IT 業務の方に症状が見られます。目を休めたり、目のストレッチを行ったり、眼鏡やコンタクトなどが自分にあっているかどうか確認するなどの方法で予防しましょう。

　職種により健康課題とその対策が異なりますので、各自で意識して取り組む必要があります。

第4章

部下の心理状態を理解する
(「心理モデル」の活用)

I 心理モデルの必要性

　上司と部下との間に円滑なコミュニケーションが成り立っている状態を保ちながら、どうやって職場で成果を上げるかは、職場における永遠のテーマです。例えば部下との間に解釈や認識のずれが生じた時、上司には迅速な対応が求められます。ほんの少しのずれでも敏感に感じ取りすぐに対処できるマネジャーならば、きちんと話し合いをしながら部下との信頼係数を上げていけるでしょう。

　また、もし上司が部下の話をしっかりと聴かずに自分の思い込みだけで対応していれば、部下との間の心理的な溝は徐々に広がっていき、部下のやる気を下げていきます。そうならないよう、感情など心の動きは一秒ごとに変化していく、ということを常に意識して、溝があると感じたのなら小さなうちに対処し、部下のやる気を高めていくことが大切です。

　部下との関係に違和感を覚えても話し合いを十分に行わずに放置しているマネジャーは、大きな問題になってからようやく対処しようとします。火事は小さなボヤで消し止めていれば、大したことにはなりませんが、大火災になれば、自分だけでなく、周囲の人達にも多大なる迷惑をかけます。

　同じようなことが上司と部下の人間関係にもあてはまります。お互いの溝は、深まればその当人同士だけではなく、職場のメンバーにも大きな影響を及ぼし、職場の風土は乱れます。上司と部下は同じ職場の中で同じ目的を持つ仲間のはずですが、そのことを忘れてしまうのです。そのような事態を避けるための、解釈のずれなどに気づいて対処する方法として、またすでに良好な人間関係がある場合はそれを維持する方法として「心理モデル」が有効となります。

Ⅱ 心理モデルの活用手順

　心理モデルは次の4つのステップから成り立っており、上司と部下の間に信頼関係を築くことを目的としています。ただ各ステップにて述べている手法などは、単体でも活用できます。第3章（健康モデル）および第5章（環境モデル）で部下の話を聴く際にも参考にしてください。

　　ステップ1．上司自身のアンコンシャス・バイアスに気づく
　　ステップ2．部下の話を傾聴する
　　ステップ3．部下の性格や思考を理解する
　　ステップ4．信頼関係を築く

STEP 1　上司自身のアンコンシャス・バイアスに気づく

・職場で起こりがちな解釈の違い

　実際に上司と部下の間にどのような経緯で不和が生じるのかについて説明していきます。
　まず両者間の不和は、主に上司が自身に「アンコンシャス・バイアス」があることを理解していない場合、または上司が部下の気持ちや言い分をきちんと聴いていない場合に生じます。前者の「アンコンシャス・バイアス」とは、自分自身が気づいていない物の見方や捉え方、解釈の歪みのことで、言うなれば無意識の思い込みです。職場でアンコンシャス・バイアスというフィルターを通して部下に接しているうちに関係が悪化してしまうことがあります。
　後者は上司が部下の事情を汲み取ろうとしないために不和が生じるケー

スです。当然ながら上司と部下の視点、それぞれの思いは違います。上司の視点には、「プロ意識が足りない」「それは、甘えだ！」と映っても、部下からすれば部下の思いや言い分があります。それを無視してコミュニケーションを取ろうとしても上手くいくはずはありません。このケースについてはステップ2で説明します。

　ステップ1では上司のアンコンシャス・バイアスについて説明します。アンコンシャス・バイアスに自分で気づくことはなかなか難しいですが、ここでは職場で起こりがちな2つのパターンを、ある会社での上司と部下のやり取りとして紹介します。登場人物は次の通りです。

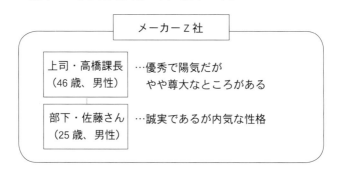

　1つ目は、ある事柄に対する単純な解釈の違いが原因となっているパターンです。

　ある日の午後、取引先からクレームがあり、上司の高橋課長は部下の佐藤さんに報告書の提出を命じました。その際、次のような会話がありました。
上司・高橋課長：「明日提出する報告書を作ってください」
部下・佐藤さん：「はい」
　このように一見すれば何の問題ない会話であったとしても、上司と部下で、この報告書提出に対する解釈が異なっていたらどうでしょうか。
上司・高橋課長の心の中：「明日提出だができれば本日内容を確認したいので、今すぐとりかかって私がいる間に報告書を提出してほしい」
　　→「クレーム対応だし、もとより上司から渡された仕事は最優先ですべきだ」という考え方（日常的に考えている。）

部下・佐藤さんの心の中：「明日提出だし、報告書は明日出そう」
　→「この時間（15 時）に言われても…。でもクレーム対応なのでしっかりやらないと。明日は忙しいし、今の仕事に区切りついたら今日残業してじっくり取り組もう」という判断
この件に関して、結局部下は夜遅くまで残業しました。

　会話はお互い上手くいっているように見えますが、上司と部下の心の中に解釈のずれが生じており、上司においては自身の解釈が「こういう時はこういう風にするものだ」というアンコンシャス・バイアスとなっています。小さなずれは次第に蓄積し、お互いの人間関係はやがてぎくしゃくすることとなります。

　そして 2 つ目は、上司の自己防衛によるアンコンシャス・バイアスがみられるパターンです。自己防衛とは、不満、不快、葛藤などによりストレスが溜まった際、自分を守るために人にあたったり、あるいは環境のせいにするメカニズムのことです。

　先ほどの一件があった日の翌朝、高橋課長が出社しましたが、昨日のうちに報告書がもらえず少しイライラしています。自分の机の上に置いてある報告書をさっと見ると、急に怒り出しました。
上司・高橋課長：「報告書の様式が違う！　なんでこれに書いてきたんだ！」
部下・佐藤さん：「え、すみません。でもそれは課長から以前いただいた様式データをもとに作ったんです…」
上司・高橋課長：「私から渡したデータはいくつもある。君がその中から誤った様式を選んで使ったんだ！」
　　　　　　　　　※実際に課長はいくつかのデータを渡していたが、様式データは 1 つだけで、それが誤ったものだった。
上司・高橋課長の心の中：「人のせいにするなんてとんでもないやつだ！そもそも自分で正しい様式かどうか確認するべきだ」
部下・佐藤さんの心の中：「この様式を使えと言われたから使ったのに、なん

で私が怒られなければいけないんだ。これで作り直しだとまたスケジュールが遅れてしまう…」

　本件の報告書の大切さについては高橋課長と佐藤さん共に認識しています。高橋課長は、クレームを受けた立場であるし、報告書を最優先に迅速に仕事をしてほしいと思っています。部下の佐藤さんは、その日の仕事と折り合いをつけつつ仕事をこなし、夜遅くにやっと報告書を完成しましたが、いきなり怒られ心外です。上司は、部下の視点から考えて、まず仕事を確認して労い、様式不備については冷静に原因を探るべき場面でした。結局、二人はお互いに苛立ちを抱えながら仕事を進めましたが、これ以降少し険悪な雰囲気が漂うようになりました。なお時系列は以下の通りです。

（時系列）

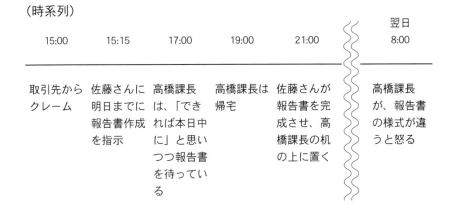

15:00	15:15	17:00	19:00	21:00		翌日 8:00
取引先からクレーム	佐藤さんに明日までに報告書作成を指示	高橋課長は、「できれば本日中に」と思いつつ報告書を待っている	高橋課長は帰宅	佐藤さんが報告書を完成させ、高橋課長の机の上に置く		高橋課長が、報告書の様式が違うと怒る

　高橋課長は、自分が失敗した時にもっともらしい理屈を後付けするという自己防衛の1つである「合理化」の状態になり、部下のミスだと決めつけています。これもアンコンシャス・バイアスです。部下は、課長の決めつけに対し不満を感じています。

　自己防衛に気づくことは困難ですが、自分でストレスケアをしたり、自己防衛の種類を自ら認識して対処する必要があります。

　自己防衛には、次のような種類があります。言動を確認して自らを振り返る機会を作りましょう。日常生活のなかで、自分も自己防衛をするかもしれないという認識を持つことが大切です。

自己防衛の種類

種類	内容	具体例
①抑圧	不安のもとを無意識に圧迫する。	・以前にいじめられた部下と似ている人と会うと、それを忘れているにも関わらず、同じ特徴をもっているためなぜか好きになれない。 ・過去に逆パワハラにあった辛い経験を忘れる。 ・業務上必要なメールを送信し忘れる（メールの内容に自信がなかったので、送信をし忘れていたら、重大な結果を招いた）。
②反動形成	嫌悪感が起こるのを防ぐために、意識の上では正反対の態度を示す。	・非常に憎んでいる人に対して、かえって親切な態度を取る。 ・好きな相手に意地悪する。 ・人が嫌がる仕事を喜んで引き受ける。
③投影	自分の弱みを他の人の中に見出し、自分の責任を他に転嫁する。	・同僚に嫌われていると思い込んでいる⇒自分が同僚に抱いた感情を相手のものだと思い込む。 ・「あいつは傲慢だ」⇒自分の特性を相手のものだと思い込む。 ・「あいつは目立ちたがり屋だ」⇒自分の願望を相手のものだと思い込む。
④退行	幼児的な発達段階まで逆戻りし、不安を解決しようとする。	・同じ課にできる同僚が配属されたが、その人を意識するあまり、イージーミスを繰り返している。 ・新入社員のように振舞って上司の気を引こうとする。 ・爪を嚙むなど幼い子供の行動をとる。
⑤否認	客観的な現実を無視することで、意識に上がらないようにする。	・上司からミスの叱責を受けたのに、別のことに意識を向けて、ミスとは向き合わない。 ・明らかに正しい事実を、「あの部下の言っていることは間違っている」といって聞き入れない。 ・「先輩の言うことは絶対に信頼できる」とその先輩以外の言うことは聞き入れない。
⑥置き換え	内側の不安を外側に移す。	・指示に従わない部下への不満から、部下の書いた記録を破る。 ・上司に対する怒りを自分の部下に向けてあたりちらす。 ・上司に対する不安や怒りを家庭に持ち帰り妻にあたりちらす。
⑦外罰的機制	自分に非がある時も責任を他に転嫁する。	・やり方の間違いを注意すると、「〇〇さんからそういうふうにしてと教わったから」と責任転嫁する。 ・「ノルマが達成できないのは、不況だから」と社会のせいにする。 ・自分が遅刻したのは、「昨日、同僚が飲み会に誘ったから」と報告する。
⑧操作	不安を最小化するために、過剰に出来事や対象、環境を管理しようとする。	・管理職が、自身が現場に出ないにも関わらず、詳細をすべて報告させ必要以上に管理しようとする。 ・管理職として自分が出席していない研修の詳細について部下から聞いて、後ほど研修講師に対して些細なことでもクレームを入れる。 ・先輩が後輩に対して現場で仕事を教えていたが、その後先輩を呼び出し、どんな方法で後輩に教えたのか根ほり葉ほり尋ねる。
⑨合理化	自分が失敗した時に、もっともらしい理屈を後付けする。	・自分がミスしたのに、「部下の文字が汚かったので読めずにミスをした」と言う。 ・「私が間違ったのは、部下の報告がなかったから」と言う。 ・同僚が出世すると、「どうせコネでしょ」などと言う。

STEP 2 部下の話を傾聴する

・チェックリストを用いて現状を把握する

　これまで職場で起こりがちな例を見てきましたが、職場では、上司と部下がそれぞれに違う解釈を持つ場合、問題が起こりやすくなります。上司は自らのバイアスを理解し、そして部下の事情を知らなければいけません。部下の事情を知るには、傾聴が効果的です。

　まず「傾聴のチェックリスト」を試してご自身の現状を把握します。1つでもチェックがあれば、改善しましょう。

【傾聴のチェックリスト】

　次の項目に該当する場合は、チェックをしてみてください。

質問事項	☑欄
①部下が話している時、うなずきやあいづちが少ないと思う。	
②部下が話している時に他の作業をしている時も多く、部下と目を合わせようとはしていない。	
③部下が話をしている時、話の途中でも「私ならこうするよ」と自分の話をしたり自分の意見を述べてしまう。	
④部下の結論を聞かずに、すぐにアドバイスをしたがる。	
⑤部下の意見と自分の意見が違っている時、つい部下の発言を否定してしまう。	

　改善する方法は次の通りです。

「①部下が話している時、うなずきやあいづちが少ないと思う」に該当した方へ

　うなずきやあいづちが少ないと思った方は、まずうなずきやあいづちの本来の意味を理解しましょう。

　うなずきとは、承諾や同意などの気持ちを表すために首を縦に振ることで

す。あいづちは、相手の話にうなずいて巧みに調子を合わせることです。

　あいづちは1パターンになりがちなので、3つの類型にそれぞれ対応した言葉のバリエーションを持つと良いでしょう。1つ目は肯定型です。「はい」「なるほど」などのように相手の意見を肯定する言葉です。2つ目は共感型です。「本当ですね」「頑張りましたね」のように相手の意見に共感する言葉です。3つ目は中立型です。「そうなんですね」のように相手の意見を肯定も否定もしないで受け入れる言葉です。上司として、第三者の意見を確認しなければ肯定も否定もできない時など、絶妙な距離感を取りたい時に活用できます。

　耳を傾けるだけではなく、身体全体で「聴いている」ことを示す必要があります。部下が「話を聴いてもらっている」とわかるように大きめのリアクションを取ることが大切です。特に理系タイプの方は、自分ではうなずいているつもりでも、リアクションが小さい傾向にあります。相手からみてもわかるように、意識的にうなずきましょう。

【あいづちの類型と具体例】

類型	具体例
肯定型	はい、ええ、そうです、その通りです、なるほど
共感型	本当ですね、良かったですね、大変でしたね、頑張りましたね
中立型	そうなんですね、そのように思っているんですね

「②部下が話している時に他の作業をしている時も多く、部下と目を合わせようとはしていない」に該当した方へ

　部下の話を聞く時は、相手の目を見て話すのが原則です。業務を中断できない時は、一瞬業務をとめてアイコンタントをとりながら「あと5分たったら時間があるので、それまで待ってください」と伝えます。そして、話す時間が取れたら、部下の顔を見ながら話の続きを聞くと良いです。ほかにも、腕や足を組んだり、椅子にのけぞった姿勢で話を聞いていると、相手は真剣に話を聞いてもらえていないと感じてしまいます。相手から「どのように見えているのか？」という視点を持つことが大切です。

「③部下が話をしている時、話の途中でも『私ならこうするよ』と自分の話をしたり自分の意見を述べてしまう」に該当した方へ

　部下の話を遮り、話の腰を折ってしまうと、部下は次回から話をするのが嫌になります。また、上司はアドバイスをして部下の役に立ったと思っているかもしれませんが、多くの場合、自分の成功談や自慢話になってしまっていてあまり参考にはなりません。

　同時に部下の話を聞くべき時間を、自分のアドバイスによって奪ってしまっています。まずは部下の話を最後まで聞き、その主張を聞くことが大切です。その際、相手の話を繰り返したり、要約してみましょう。

（「繰り返し」の事例）
部下・佐藤さん：「最近、X社（取引先）との関係が上手くいかないんです」
上司・高橋課長：「X社（取引先）との関係が上手くいかないんだね」

　このように繰り返しをすることは有効です。繰り返すだけで聞いてもらったと感じるのかと疑問を覚えるかもしれませんが、自分の意見を繰り返してもらうと自分の主張の整理になると同時に話を聞いてもらっているという感情を持つ方は多いものです。繰り返しができたら、その応用として要約することができればさらによいと思います。要約とは、部下が話した内容をまとめて相手に伝えることです。要約をすると、部下は自分が話した内容を客観的に整理でき、上司に対して好感を持ちます。

「④部下の結論を聞かずに、すぐにアドバイスをしたがる」に該当した方へ

　部下の主張の結論を聞かずに先回りして、自分のアドバイスを言ったり、場合によっては説教じみたことを話す上司もいます。部下が何か話をしたがっているのにその話の腰を折り、部下が話す時間を自分で独占してしまっているのです。自分のアドバイスを言いたくて仕方ない方は、ぐっと相手の話を聞くことに集中するよう心掛けましょう。

　例えば以下のような対応には改善が必要です。

【改善が必要な事例】

部下・佐藤さん：「X社（取引先）の田中課長に上手く話し掛けられないんです。どうしても、田中課長の話し方が怖くって及び腰になってしまって。田中課長の本音を聞きだしたいと思って努力するんですが、私が行くと田中課長が『また、来たのか？』と言って嫌な顔をするような気がしてなかなか踏み込めません」
上司・高橋課長：「田中課長と上手く話せなかったからと言って、落ち込む必要はないよ。私も新人の時はそうだったんだから、大丈夫。あの課長は、気難しい人だから気にすることはないよ」

　高橋課長からは、佐藤さんの気持ちを楽にさせようという意図を感じます。しかしながら、佐藤さんは、「そうですね。おっしゃる通りです。気にしないようにします」とすぐに吹っ切れるでしょうか。「高橋課長は私のことをあまりわかってくれなかった」と感じるのではないでしょうか。ただ、次のような対応ならどうでしょう。

【良い事例】

上司・高橋課長：「田中課長と上手く話せなくて、無理をしてでも話すことで本音を聞きだしたいのだけれど、嫌な顔をされるので、踏み込めずに不安になってしまうんだね」

　③でも触れましたがこのように話をまとめることを要約と言います。このように佐藤さんに語り掛けたら、佐藤さんは少し心を開いて、今後も話をしてくれるのではないでしょうか。
　佐藤さんが高橋課長に悩みを打ち明ける時は、心の中にストレスをためる「感情のコップ」から中身が溢れている状態です。感情のコップがいっぱいの状態では、どんなに高橋課長が良いアドバイスをしても受け入れる余裕などありません。まずは感情のコップが空になるよう、すべて吐き出させてあげることが大切です。良い事例においては、事実のみを評価なしで聞いています。アドバイスよりもまず、佐藤さんの気持ちに焦点をあて認めることが重要です。
　また、佐藤さんは、自分と周囲の人の関係性を次のように感じているはず

です。

立場関係を整理すると、

　　高橋課長＞佐藤さん

　　高橋課長＝Ｘ社の田中課長

　　Ｘ社の田中課長＞佐藤さん

　つまり、佐藤さんから見れば、高橋課長とＸ社の田中課長は同格です。高橋課長には、それなりの対応はしてくれますが、自身は田中課長からは格下に見られているので、強く出られるとこちらの話ができなくて困ってしまうのです。

「⑤部下の意見と自分の意見が違っている時、つい部下の発言を否定してしまう」に該当した方へ

　自分の意見と違っている時に、部下の発言を否定する理由は何なのでしょうか？　おそらく上司が「自分の意見は正しい」と無意識に思っているのではないでしょうか。職場での経験値が高い上司は部下より正しい意見やアイデアを持っているかもしれませんが、自分が正しいかどうかより、部下に納得してもらうことが大事です。部下の意見を否定する上司は「でも」「だって」「どうせ」という接続詞を使う方が多いようです。私は、この３つの接続詞を「３Ｄ」と言っています。３Ｄの代わりに「だからこそ」という接続詞を使ってみてはどうでしょうか？　そうすれば、否定せずに済みます。また、部下の意見を批判せずに受け入れる、つまり相手を１人の人間として尊重して認めることも大切です。

【良い事例】
上司・高橋課長：「今日の定例ミーティングになぜ参加しなかったのですか？」 **部下・佐藤さん**：「今日のテーマは自分には関係ないと思いましたので、退屈そうだから休みました」 **上司・高橋課長**：「自分には無関係だし退屈そうだから休んだんだね」

　このように常識的に部下が悪いと思う時でも、意見を聞いたうえで「なぜ、休んだのか」などの理由を尋ねます。このような意見の背景に部下なりの別

の言い分があるかもしれないからです。

　まずは、部下から直接聞くことです。次に、問題のあった出来事に対して関係者からも話を聞きます。例えば、同じ部署の同僚、総務や人事などです。ポイントは、人の話を傾聴することです。

・４つのステップで傾聴する

　上司の方に「部下の話を聞けていますか？」と質問すると、多くの人が「聞けています」と答えます。一方、部下からは「上司に話を聞いてもらった気はしません」とたびたび言われます。このような事態にならないよう、傾聴の際は次の４つのステップを踏むと効果的です。

（ステップ１）相手のことを理解したいという態度をとる
・きちんと相手の目を見て話を聞いていますか？
・作業をしながら相手の話を聞いていませんか？
・足や手を組んだりしながら話を聞いてませんか？
　１つでも当てはまる方は、相手のことを理解したいという態度に見えない可能性があります。少し前かがみで、相手の目を見て話に集中する態度を取りましょう。

（ステップ２）相手の意見を批判せずに受け止める
・相手の話を奪って自分の話にすり替えてしまう
・相手の話を聞かずに途中で遮ってしまう
・相手の話を十分に聞かずに評価して意見やアドバイスを言う
　このような行為をしてしまいがちな方は、相手の意見を受け止めることができていません。相手の意見が自分の意見とは異なっていても、最後まで人の話を聞く努力をしましょう。時には会話の中で沈黙する時間を持ち、相手に考えてもらうことも大切です。「沈黙は苦手だ」と思っている人は特に意識しましょう。

（ステップ３）傾聴の技法を使う

　相手の話を聞く際、次のような傾聴の技法を使います。

・うなずき、あいづちをうつ
・言葉を繰り返す
・気持ちを汲み取る
・質問をする
・要約する

（ステップ４）フィードバックをする

　多くの上司は、部下の仕事ぶりをどう評価しているのか本人にあまり伝えていません。良いことはフィードバックしやすいのですが、部下に改善してほしいことはしばらく放置しておくケースがみられます。職場の周囲のメンバーから苦情が出てきてから本人にフィードバックするようだと、結果的に認識のずれが大きくなってしまいます。フィードバックはこまめに、一つずつ丁寧に行いましょう。最初から指摘するのではなく、１から３までのステップを経た後に教えると良いでしょう。

　この４つのステップで傾聴すると部下は「話を聴いてもらっている」と感じます。一方、いずれかのステップが抜け落ちてしまうと、部下は「話を聴いてもらっていない」と消化不良感を覚えてしまうのです。あなたは、どこかのステップを飛ばしていませんか？　複数のステップを飛ばしてしまっている可能性もあります。この機会にどこを無意識に飛ばしているのかを確認し、飛ばしてしまったステップを意識して重点的に実行してみてはいかがでしょうか。

（参考）ありがちな、傾聴ができていない上司の事例

　ここである会社内の様子を例にあげ、傾聴ができていない上司の様子をみていきます。

【精神論を振りかざす上司】
新入社員の大津さんは、F社に4月から入社してきましたが、なかなか職場に馴染めず元気がない様子でした。その彼に対して、太田課長は、「元気がなさそうだが、何事も気合でなんとかなる」と精神論を振りかざしていました。このような態度からは、そもそも部下のことを理解しようとする気がみえません。

【会議にて質問ばかりする上司】
コロナ禍で職場の雰囲気が重いと感じたF社の太田課長は、会議にて「コロナ禍でもコミュニケーションが活性化する方法はないか？」と質問を投げかけました。そこで、三沢さんは、「コロナ禍で食事会などは難しいので、食事をとる休憩室の横に談話室みたいな場所があればいいですね」とアイデアを出しました。そうすると、太田課長は、「談話室を作るには、予算が足りない」と直ちに却下しました。改めて「他に良い方法はないですか？」と質問すると今度は、木下さんが「職場の皆に良いアイデアがあるかもしれないので、アンケートを取ってみたらいいのではないですか？」と意見を言いました。すると、太田課長は「アンケートと言ってもどんな項目でするのか？　アンケートをとってそもそも意味があるのか？」と矢継ぎ早に木下さんに質問をしました。沈黙の後、しまいには誰も意見を言わなくなりました。 　後日聞くところによると、その太田課長は、会議の後他の部下と自分の好きな釣りに行きたかったようです。質問は傾聴技法の一つではありますが、使い方を間違えると、「相手のことには興味がなく、あなたのことは何も知りたくありません」と言っているように見えてしまいます。

【何も言えない上司】

　Ｆ社の営業第２課の川田さんは、感情の起伏が激しく、仕事ぶりもあまり芳しくなく、職場のメンバーはとても困っています。皆いつも川田さんの顔色を見て仕事をしていました。上司の木林課長は、川田さんに対してうなずきやあいづちをうち、相手の気持ちを汲み取る傾聴技法を使っていましたが、肝心の川田さんの勤務態度に対してのフィードバックをすることができずにいました。その結果、川田さんのわがままを助長することになり、職場で自分の感情をコントロールすることができず余計に感情を露わにしていきました。木林課長のように誰にも「部下に嫌われたくない」「自分が不快な気持ちになりたくない」などの気持ちはありますが、仕事ぶりを納得いくように評価しなければお互いの認識はさらにずれていきます。結局、周囲のメンバーにまで影響が出てしまいました。

【部下のことをわかっていない上司】

　Ｆ社の木林課長は、部下の佐藤さんと１ON１ミーティングを行っています。今後の佐藤さんのキャリアについての話になり、「佐藤さん、あなたはこれからどうなりたいですか？」と木林課長が佐藤さんに尋ねました。そうすると、佐藤さんは「それがわからないから今日ここで面談してもらっているんです」と怪訝そうに答えました。ともすればこのような場面はよく見かけます。確かに、佐藤さんの将来のキャリアを心配しての質問かもしれませんが、佐藤さんの背景や現在困っている問題に対する認識が浅いと、部下からはこのように予想外の返答が返ってきます。部下のことにもっと関心を持って、問題の本質を見極めることが大切です。

【忙しい上司】

　Ｆ社の大橋課長は、仕事ができる上司として職場では評価されています。三田さんが「課長、５分お時間いただけないでしょうか？」と聞いても、当人はパソコンに目を向けたまま「ああ」など言うだけで、話しにくいオーラがあり、部下が話を持ちかけてもたまに返事をするぐらいです。そのため、周囲の部下もなかなか話し掛けづらい状況になっています。

　このように自分では部下の話を聞いているつもりでも実際にはあまり聞けていないケースがあります。前述した上司のようにならないよう意識して傾聴することを心掛けましょう。

STEP 3

部下の性格や思考を理解する

・部下の気分や行動はその時々の思考により変わることを理解する

　部下の性格、考え方はそれぞれ異なります。部下への理解が深まるにつれて、その差異はより顕著に感じられることでしょう。そういった場合に上司に求められる部下に合わせた対応について、次の登場人物のやり取りを例に挙げながら説明していきます。

（登場人物の関係図）

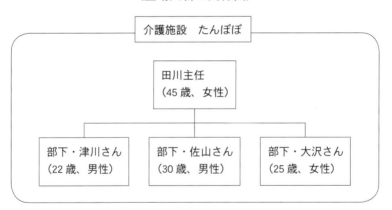

　田川主任には、津川さん、佐山さん、大沢さんの３名の部下がいます。それぞれ性格や行動パターンは異なりますが、共に大切な部下であり信頼しています。これまでの会社での経験や付き合いから、それぞれ以下の特徴が確認できます。あなたの職場にも同じタイプの部下がいるかもしれません。

津川さん：基本的におとなしい。扱いやすいが、内省的である。

佐山さん：やる気は人一倍あるが、勝気な性格で他者を責める傾向がある。

大沢さん：バランスのとれた性格。素直で安心できるがやや周囲を気にすることもある。

３人が同じ仕事でミスをした時、彼らの心境はどうなっているのでしょうか。当然本人のコンディションや状況にもよりますが、概ね次のようなものと想定します。

津川さん：「私はこの仕事に向いていないのではないか。周囲に申し訳ない」

佐山さん：「私だけが悪いんじゃない。忙しいかもしれないが、上司もきちんとフォローすべきだろう」

大沢さん：「この失敗には落ち込むが、まずは対策。同じ失敗は絶対しないようにしよう」

　そんな３人の「心の声」を聴いた田川主任は、彼らに対してそれぞれ、どう対応すればよいのでしょうか。早速、考えてみましょう。この本を手にしたあなたは、人生経験上、掛ける言葉やとるべき対応が相手によって変わることはわかっておられると思います。３名の性格をさらに端的に整理すると次の通りです。

津川さん：おだやか、内省的

佐山さん：元気、気分屋さん

大沢さん：素直、気配り上手

　例えば、どちらかというとおとなしい津川さんに「とにかく期待している。わかっていますね」と言うのはプレッシャーを与え逆効果ですが、これを大沢さんに話せば「はい。任せてください！」と喜ばせることができるでしょう。同じ一言のフォローをしても、毒にも薬にもなるのが面白いところで、あなたの上司としての腕の見せ所なのです。各タイプに掛ける言葉、ベストな対応は次の通りです。

津川さんに向けての声掛け：

「津川さんはこの仕事に向いていないと思っているかもしれないけれど、その理由をもっと詳しく教えてくれないかな？」

　→津川さんは、今回ミスをしただけで、この仕事に向いていないとネガティブに飛躍的に考えてしまっています。しかしながら、現実にはたくさんある仕事の一部分をミスしただけなので、その部分を詳しく聴いてあげて安心して次の仕事に取り組めるように支援することが大切です。

佐山さんに向けての声掛け：

「佐山さんにどのようなことをすれば私は力になれるのかな？」

　→佐山さんの他責にする考え方をいきなり指摘すると相手のプライドが傷ついてしまい、かえって反抗的な態度を取りかねません。相手の意見を傾聴しつつ、改善するようなアプローチをとっていきます。

大沢さんに向けての声掛け：

「大沢さんの仕事ぶりにはいつも感心しているよ。今回の仕事のミスについて何が原因だと思う？」

　→上司としてある意味扱いやすい人です。その気配りや仕事ぶりを認めた上での話し合いは、大沢さんのミスの背景を振り返り、今後の改善点を考える機会を提供するものとなります。

　このように部下の性格や行動パターンを普段からつかみ、自在に使い分けられるのが優秀な上司です。適材適語とでも言いましょうか。なお言葉だけではわかりにくいので、最後に一覧表にまとめました。復習に使ってください。

	津川さん	佐山さん	大沢さん
出来事	仕事でミスをした		
思考	自分には適性がない	上司がきちんと教えてくれない	今回のミスは確認不足だった
気分	不安	イライラ	冷静
行動	何度も上司に確認する	上司を責める	今回のミスがなぜ起こったのか振り返り、改善方法を上司と話し合う
身体反応	胃が痛くなる	顔が赤らんで息を切らしている	特になし
良い声掛け例	「津川さんがこの仕事に向いていないと思っているかもしれないけど、その理由を、もっと詳しく教えてくれないかな？」	「佐山さんにどのようなことをすれば私は力になれるのかな？」	「大沢さんの仕事ぶりはいつも感心しているよ。今回の仕事のミスについて何が原因だと思う？」

　事例を通して部下の気分、行動、身体反応は、部下のタイプにより変わることを理解していただけたでしょうか。仕事でミスをした時に落ち込んで不安を感じる人もいれば、他者のせいにして怒ったりする人、冷静に対応できる人もいます。「部下が仕事でミスした」という出来事は同じですが、思考（物事の捉え方）により気分、行動、身体に表れる反応は全く違います。部下が困っていたり問題がある時には、思考、気分、身体反応を観察して問題を整理し、適切な声掛け、対応をします。普段からよく考えておきましょう。

　もし、この方法を実践しても部下との関係をうまく構築できない時は、見立てが間違っている可能性があります。そのような場合には、自分が信頼している同僚などの意見を聞いてみると良いでしょう。研修の時にこのようなトレーニングをすると、部下の気持ちを汲み取ることが得意な方と苦手な方に分かれます。お互いに意見交換をすることで自分とは異なる見方を学ぶことができたり、困っている部下との人間関係について話すことによってストレスが軽減される効果があるようです。

・物事をネガティブに捉える人の受け止め方と対応法

前述した津川さんのように物事をネガティブに捉えて考える方には、次の特徴があります。

①感情的きめつけ

根拠なくネガティブな決めつけをすること。

【例】上司にメールを送ったのに返信がない。→「上司に嫌われた」と思い込む。

②白黒思考・完璧主義

何でも白黒つけないと気が済まない、完璧を求め過ぎること。

【例】仕事で1回ミスをした。→自分は「仕事ができていない」と思ってしまう。

③自己批判

自分に関係ないことまで自分の責任だと考え、必要以上に関連づけて、自分を責めること。

【例】プロジェクトが関係者の都合で中止になった。→とにかく自分が悪いと思い込む。

④過度の一般化

ささいなことを広範囲に結びつけて結論を出してしまうこと。

【例】プレゼンで少しミスをした。→自分は何一つ仕事ができないと考える。

⑤選択的注目

良いことがたくさん起こっているのに、小さなネガティブなことに注目してしまうこと。

【例】アンケートで良い反応が多かったが、1件だけネガティブな意見があった。→1件のネガティブな意見に囚われる。

こうした特徴がある方には、次のような対応が求められます。

①物事をネガティブに捉える考え方に注目する

例えば、部下が「過度な一般化」の考えを持っており、仕事で些細なミス

をしただけなのに、「何も仕事ができていない」と考えてしまっている時に
あなたはどのように対応しますか。「過度な一般化」の思考を持つ部下には、
何事にも慎重に対応することができて他の人から見ると失敗が少ないという
特徴があったりします。「君の考え方がすべて悪いわけではなく、良い部分も
あるが、慎重すぎると負担が増えるよ」などと伝えてあげると良いでしょう。

②現実に目を向けるようにアドバイスをする

　物事をネガティブに捉える人は、「どうせ〜だろう」とネガティブな想像
に傾きがちです。例えば、「同僚からのメールの返信が遅いから嫌われている」
と思っている部下がいるとします。これは、先ほど説明しました「感情のき
めつけ」にあたります。同僚から本当に嫌われているのかどうか現実の情報
から判断し、事実と想像のずれに気づいてもらいましょう。

③視点を変えるような質問をする

　物事をネガティブに捉えてしまう時は、視野が狭くなっている傾向にあり
ます。そんな時は視野を広げてあげましょう。例えば、周りが見えずに考え
込んでいる部下に対してきちんと傾聴した上で「あなただけの力ではどうし
ようもないのに、自分を責めてはいないだろうか？」「友人が自分のことを責
めていたら、どのようなアドバイスをするだろうか？」「あなたが他の社員だ
としたら、同じような考え方をしたでしょうか？」など質問をしてみると良
いでしょう。

④普段から部下の行動に関心を持ち、良い行動をした時はすぐに褒める

　普段から部下の行動に関心を持っていないと、部下が以前と比べどのよう
に変わったのかわかりません。部下の行いが良くない時、あなたは怒ったり
小言を言ったりするかもしれませんが、逆に良い行動をした時にすぐに褒め
てあげていますか。普段は自分の使った道具を片づけない部下が、道具を磨
いたり、元のあった場所に片づけたりするなどの良い行動を行った時、「今日
は珍しいな。明日は嵐になるよ」「どういう風の吹き回しだ。何かあったの
か？」などと声を掛けてはいけません。部下の仕事ぶりが良い方向に変わっ
たとしても、良い行動を褒めなければ部下はやる気を失ってしまいます。良

い変化に気づいた時は、小さなことでもすぐに褒めてあげましょう。

⑤足りないところを補完する

補完するとは、仕事で自信がない部分を他の人や物でサポートすることです。例えば、ＩＴが苦手な部下が得意な同僚にＩＴの知識を教えてもらうことや、英語が苦手な部下に翻訳アプリを活用してもらうなどがあります。

⑥具体的な支援をする

部下が困っている時には、具体的な支援を行います。例えば、将来に不安になっている時にキャリアに関するアドバイスをするなど、適宜サポートしましょう。

⑦環境を調整する

部下の力を最大限活かせるように環境を調整します。例えば、新入社員が、職場に早く馴染めるように先輩の社員をお世話係につけたり、席替えをするなどです。

STEP 4 信頼関係を築く

部下への理解がさらに深まり、適切な対応が取れることが増えれば、自然と信頼関係もできてきますが、その信頼関係をより確固たるものにするために、特に気にしておきたいポイントについて述べていきます。

・部下との約束を守る

部下から「最近、機器の調子が悪いので購入してほしいです。予算をとっていただけますか？」と依頼されました。それに対して「そうだね。上に言っておくよ」と回答しました。その後にどのような対応をするのかが、お互いの信頼関係に関わってきます。

望ましくない対応には３つのケースがあり、１つめは、部下に良い返事をしたがすぐに忘れてしまうケースです。２つめは、自分の上司に相談したが、上手く行かなかったことを部下に伝えていないケースです。部下からすれば「その後どうなったのか？」と気になるところです。３つめは、そもそも自分に権限がないのにそのことを伝えていない場合です。この３つのどれかに該当した場合、信頼関係の悪化が予想されます。

　そうならないよう、まずは日常的な部下との約束をこまめにメモしましょう。ある管理職の方は、手元にメモが無い時は手の甲にボールペンでメモを取っていました。手に書く行為が良いかどうかは別として「部下との約束を忘れてはいけない」という意識の高さを感じましたし、その方は部下にとても信頼されていました。まず依頼された件が以後どうなったのかをきちんと伝えます。できなかった場合は、可能ならその理由を部下に誠実に伝えましょう。上司がすべて神様のように完璧な行動ができるわけではありません。約束したことを忘れていたり、できると思っていたができなかった場合には、潔く謝ります。一つ一つのやり取りを丁寧に行うことが大切です。

　「部下に嫌われたくない」「部下から仕事ができる上司だと思われたい」「部下から頼りにされたい」と思って、気軽に良い返事をしたり、決裁権が無いにも関わらずに安請け合いしたりすると、かえって部下の信頼を損なうので、注意が必要です。

・時には部下の話の聞き役に徹する

　上司は、部下が困っていたり問題を抱えている時には問題解決のサポートをしようとします。具体的には、問題が何かを明確にし、どんな解決策があるのかを考え決定し、行動計画を考えるなどの行動をします。しかしながら、部下の話のゴールが問題解決だけではないことをご存知でしょうか。

　例えば次の場合、部下は上司に問題解決してもらうことを目的としておらず、ただ話を聞いてほしいのだと考えられます。

　１つめは、第３章でも触れましたがプレゼンティーズムの状態の時です。出社はしているが自分の思い通りにパフォーマンスが出せていない時、部下は話を聞いてほしいと思うでしょう。自分なりには頑張っているけれど仕事

が上手くいかない時、ミスがあった時なども同様です。少し調子が悪いだけ
なら話を聞くだけで良いケースもありますが、体調不良が続くようであれば
休むよう提案しましょう。場合によっては、産業医に繋いだり、病院への受
診勧奨を行います。

　2つめは、特に問題解決をしたいわけではないが、自分の不安や愚痴を聞
いてほしい時です。皆さんにも話を聞いてもらってほっと安心したり、不安
や怒りが和らいだりすることがあるでしょう。

　白黒はっきりつけられる時ばかりではありません。そうでない時もあるこ
とを知っておくことで、上手く柔軟に対応できます。

・部下の個人的なことにも配慮をする

　上司の中には、「部下のプライベートについては個人情報なのであまり聞
かない方が良い」などと言っている方がいますが、実際にマネジメントが上
手い上司は案外部下の個人的なことをある程度知っている方が多いのです。
無理に根掘り葉掘り聞くのは良くないですが、自然と会話の中で個人的なこ
とも聞いて覚えておくと良いでしょう。部下の状況を知っておけば、部下の
個人的な側面にも配慮することができます。例えば、「最近、親の介護が必要
になりました」「子供が病気がちでして…」などの情報を得ることができれば、
シフトを調整するなどの配慮ができます。このような細やかな心配りは部下
の心理的なストレスを軽減することになります。

・部下に影響のある仕事の変化はあらかじめ伝えておく

　部下のストレスがたまるのは、「変化」がある時です。変化には2種類あ
ります。

　1つは仕事上の変化で、次のような時期が考えられ、本人の健康や生活に
影響してきます。

・新入社員として初めて配属された時
・昇進した時

・配置転換した時
・職務の内容が変わった時
・組織・システムの変化がある時
・出向や転籍などをした時　など

物事の捉え方は人それぞれです。

ポジティブに捉えることができる場合は、「この仕事で成長できる」「新しいチャレンジができる」などと考えるでしょう。その場合はあたたかく見守ります。そして、本人が困った時にサポートします。

逆に、変化をネガティブに捉えそうな場合は、仕事の変化をできる範囲であらかじめ伝えます。例えば、「来月から同僚のAさんが産休に入るので、Aさんの仕事の一部を引き受けてほしい」など、職務の変更や追加、他部署への応援依頼、他部署への異動など具体的な変化を伝えます。ただし、人事権や社内の制度により事前に知らせることができない時もあります。

もう1つは次のようなプライベートでの変化です。この場合も本人や家族などの不調が結果的に健康や生活に影響してきます。

・出産した時
・親の介護をしている時
・子供が不登校になった時
・借金をした時　など

いずれも生活に変化が起こる出来事であり、ストレスが溜まりやすいのです。

だからこそ、部下のライフイベントは普段から意識しておく必要があります。出産など一般常識的には慶び事とされていることでも、本人がその出来事を「子供はかわいいけど、夜が眠れなくてしんどい」などネガティブに解釈していると、ストレスが増長します。

部下だけでなく、上司もライフイベントの変化によりストレスが増える傾

向にあります。まずは「ストレス点数から、あなたのストレス度をチェック」
（精神科医・産業医の夏目誠氏ら作成）をご自身でやってみましょう。その後
に、部下のことを考えながらこのチェックリストを活用していただくとより
良いでしょう。

　実施方法は次のとおりです。まず体験がある出来事の「※欄」に「○」を
つけます。その後、※欄に○のある点数を合計します。

　次に合計点数を「ストレス度数計」に記入してください。

　合計が「260点くらいだと黄信号」「300点を超えると赤信号」です。

　「赤信号はストレス過剰で、対応が必須です」を意味しています。黄信号
は、言わばイエローカードで「ストレス過剰気味」です。あなたは、赤信号
でしたか？　黄色信号でしたか？　それとも適度な状態でしたか？　同じよ
うに、部下の状況も確認すると良いでしょう。

・アサーションを活用する

　アサーションとは、お互いを尊重して率直に自己表現を行うためのコミュ
ニケーションスキルです。多様化ならびにコロナ禍によるIT化の加速などに
より対面コミュニケーションが減り、アサーションがその意義を高めていま
す。アサーションにはアグレッシブ、ノン・アサーティブ、アサーティブの
３つのタイプがあります。

①攻撃的コミュニケーション（アグレッシブ）

　相手の気持ちを考えずに周囲を無視、軽視して自分の気持ち、意見を一方
的に押しつけます。これが続くと、相手は怒りや恨みを感じて人間関係がト
ゲトゲしたものになる可能性があります。

②非主張的コミュニケーション（ノン・アサーティブ）

　相手の気持ちを考え過ぎて、自分の気持ちを伝えられないタイプです。自
分さえ我慢すればよいと感じて嫌なことでも我慢して相手の気持ちを優先し
たり、人と対立するのを避けます。これが続くと相手に振り回され、人間関
係が希薄なものになる可能性があります。

ストレス点数から、あなたのストレス度をチェック

No.	「ライフイベント」の項目	※	点数	No.	「ライフイベント」の項目	※	点数
1	500万円以下の借金をした		51	34	収入が増加した		25
2	500万円以上の借金をした		61	35	住宅ローンがある		47
3	レクリエーションが減少した		37	36	住宅環境の大きな変化		42
4	レクリエーションが増加した		28	37	上司とのトラブルがあった		51
5	引っ越し		47	38	職場のOA化が進んでいる		42
6	家族がふえる		47	39	職場関係者に仕事の予算がつかない		38
7	家族の健康や行動の大きな変化		59	40	職場関係者に仕事の予算がつく		35
8	家族メンバーが変化した		41	41	食習慣の大きな変化		37
9	課員が減る		42	42	親族の死があった		73
10	課員が増える		32	43	人事異動の対象になった		58
11	会社が吸収合併される		59	44	睡眠習慣の大きな変化があった		47
12	会社の建て直しがあった		59	45	性的問題・障がいがあった		49
13	会社が倒産した		74	46	息子や娘が家を離れる		50
14	会社を変わる		64	47	多忙による心身の過労		62
15	技術革新の進歩がある		40	48	単身赴任をした		60
16	軽い法律違反を犯した		41	49	長期休暇が取れた		35
17	結婚		50	50	定年退職した		44
18	個人的な成功があった		38	51	転職をした		61
19	顧客との人間関係		44	52	同僚とのトラブルがあった		47
20	左遷された		60	53	同僚との人間関係		53
21	妻（夫）が仕事を始める		38	54	同僚の昇進・昇格があった		40
22	妻（夫）が仕事を辞める		40	55	妊娠をした		44
23	仕事に打ち込む		43	56	配偶者の死があった		83
24	仕事のペースや活動が減少した		44	57	配置転換された		54
25	仕事のペース、活動が増加した		40	58	抜てきに伴う配置転換があった		51
26	仕事上のミスがあった		61	59	夫婦げんかをした		48
27	子供が新しい学校へ変わる		41	60	夫婦が別居をした		67
28	子供が受験勉強中である		46	61	部下とのトラブルを生じた		43
29	自己の習慣が変化した		38	62	法律的トラブルが生じた		52
30	自分が昇進・昇格をした		40	63	友人の死があった		59
31	自分が病気や怪我をした		62	64	離婚をした		72
32	社会活動の大きな変化があった		42	65	労働条件の大きな変化があった		55
33	収入が減少した		58				

体験ありの合計点数は　　　　　　点

実施方法
1．体験がある出来事の「※欄」に「○」をつける
2．※欄に○のある点数を合計する

出典：精神科医・夏目らによる調査
夏目誠の公式HP（https://natsumemakoto.com/stress-points/）より

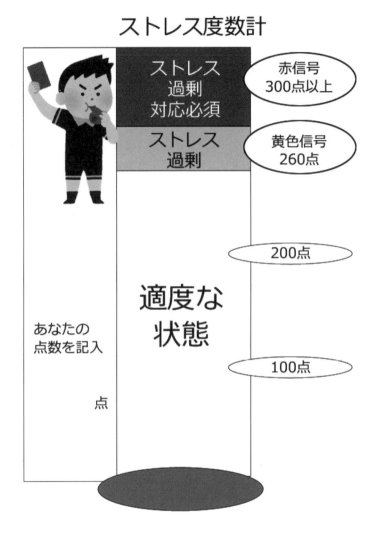

出典：精神科医・夏目らによる調査
　　　夏目誠の公式 HP（https://natsumemakoto.com/stress-points/）より

③**自律的コミュニケーション（アサーティブ）**

　自分の意見も相手の気持ちも大切にし、自分が伝えたい事を正確にわかりやすく伝え、相手を理解しながら受け止めようとします。これを続けると、相手との間に信頼関係が生まれ、お互いが理解し合えるようになります。

　あなたのコミュニケーションはアグレッシブですか？　ノン・アサーティブですか？　それとも、アサーティブですか？　アグレッシブの場合は、他者に対して弱みを見せることができず、自身では意識せずとも常に緊張していたり、孤立しがちです。ノン・アサーティブの方は、不快な感情をため込む傾向があります。その感情が著しくあふれると、うつ病になったり、心身症として表れたりします。自他ともに尊重できるようなアサーティブな表現を習得している方は、自分の考えを把握し、上手に意見を言うことができます。

　アサーティブを目指す方は、次の2つの方法を用いてみましょう。

① YOU メッセージではなく、I（アイ）メッセージで伝える

　I（アイ）メッセージとは私を主体とした表現、YOU メッセージは相手を主体とした表現です。YOU メッセージではなく、I メッセージで表現するよう心掛けましょう。

　わかりやすく YOU メッセージと I メッセージの場合を比較してみます。ある会社にて、部下が上司から仕事を任されましたが思うように進まず、上司と部下がそのことについて会話しています。次のどちらの場合も、上司は部下の成長を願っています。

（YOU メッセージの場合）

上司・田川主任：（あなたは）ちゃんと仕事をしなくてはいけません。

上司（田川主任）の心の中：（早く仕事ができるようになってほしい。）

部下・津川さん：いつも怒られてばかりだ…

（Ｉメッセージの場合）

上司・田川主任：（私は）あなたに仕事ができるようになってほしいと思ってます。

上司（田川主任）の心の中：（早く仕事ができるようになってほしい。）

部下・津川さん：田川主任から期待されているんだ。頑張ろう。

　この比較からわかることは、YOUメッセージでもＩメッセージでも上司の心の中にある「早くできるようになってほしい」という思いは一緒です。しかしながら、YOUメッセージだと命令、叱責のニュアンスが強く、部下に言葉の背後にある感情はなかなか伝わらないでしょう。一方、Ｉメッセージのほうは表現が柔らかく、部下も受け入れやすく感じるのではないでしょうか。皆さんには、自分の感情を上手く伝えることができるＩメッセージを活用していただきたいです。Ｉメッセージの表現プロセスは次の通りです。

（Ｉメッセージを言う時のプロセス）

１．Ｉメッセージを言う前に、自分はどうしたいか、どう思うかを正直に考えながら、伝えたいことを決めていきます。また、相手はそれを言われた時、どう感じるか、今伝えても大丈夫かどうかなど、相手への思いやりも欠かしてはいけません。

２．自分を主語にして肯定的な言葉を用いて自分の気持ちを伝えます。

②アサーティブで意見を伝えるDESC法を使う

　アサーティブで意見を伝えるDESC法とは、相手を不快にさせずに自分の言いたいことを伝え、納得してもらうための方法です。DESCは各ステップの頭文字をとったもので、各ステップの内容は次の表にまとめた通りです。

Describe （描写する）	状況を客観的に描写する。 状況や相手の行動を描写し、事実を伝える。
Express /Explain （説明する）	自分の気持ちを表現する。 自分の気持に素直に、「私は〜だと思う / 感じた」を用いる。
Specify /Suggest （提案する）	提案をする。 相手の望む行動・解決案・妥協案などを提案する。
Choose （選択する）	別の可能性を考える・選択する。 相手の反応が「Yes」と「No」のそれぞれの場合に対して 次にどうするか選択肢を示す。

　事例を使って理解を深めましょう。

　例えば納期の迫った緊急の案件があり、田川主任が津川さんに残業をお願いしたいという状況だとします。

Describe （描写する）	納期の迫った緊急案件があります。
Express /Explain （説明する）	私は津川さんに手伝ってほしいと思っています。
Specify /Suggest （提案する）	1時間だけでいいので残業してもらえないでしょうか？
Choose （選択する）	「Yes」の場合 ありがとうございます。 「No」の場合 では、佐山さんに手伝ってもらえるようにお願いします。

　この DESC 法を活用すると、自分がどうしたいのかを整理できます。また、説得ではなく相手と交渉ができる、断られた時の準備ができるというメリットもあります。

・部下にやる気を起こさせる

①単純接触効果を使う

　単純接触効果とは、繰り返し接することで警戒心が低くなり、親しみを感じるようになる効果のことを指します。ザイアンスが提唱したことから「ザイアンスの法則」と呼ばれることもあります。あなたは、テレビでしか見たことのない芸能人に対して興味を抱いたり、SNSでやり取りしている友人とは久しぶりに会うにも関わらず、いつも会っているかのような錯覚を抱いたことはないでしょうか。この感覚は、上司と部下の関係にもあてはまります。あなたが意識していなくても、親しい部下であれば頻繁に連絡を取り合っていることがあるでしょう。

　ある企業のマネジャーに部下の名前を書き出していただき、1週間その部下に接した回数を正の字で記録してもらったことがありました。挨拶などの簡単な声掛けであっても1回とカウントしてもらいましたが、やはり頻繁に接触している部下とそうでない部下を比較すると回数に隔たりがありました。

　この事例のようにまずはノートに部下の名前を書き出してみて、その後声掛けが少ない部下との接触を増やす取り組みを考えます。特に、コロナ禍以降、テレワークが多くなりました。テレワークの時こそ、リアルに会う機会は少なくともオンラインにてこまめに連絡を取ることを心掛けると良いでしょう。

②部下に合わせた適切な目標を設定する

　私はキャリアコンサルティングの際、目標について相談されることがありますが、「クライアント自身ができると思うかどうか」が大きな鍵になります。会社内でも上司が部下に合わせた適切な目標を設定し、合意がとれるかどうかが大切です。

　達成できない可能性がある難易度が高いチャレンジ目標にどんどんと挑戦される方に対しては、目標を高めに設定し、フォローをしていきましょう。

　しかしながら、自信のない部下も多くいます。その時はスモールステップ

で目標を小さく区切り、「自分でもできそうな気がする」と思ってもらうことが大切です。できなかったことができるようになった時は、その場でしっかり褒めます。時間が経過してしまうと、何を褒められているのか部下がわからなくなります。

③部下の動機づけを行う。

　動機づけには、外的動機づけと内的動機づけがあります。外的動機づけと内的動機づけどちらが有効なのかを観察によって見極め、効果が見込めそうなものを実施しましょう。

　外的動機づけとは、外部からの働きかけによる動機づけを言い、昇給、福利厚生の向上、ボーナスアップなどがあります。

　一方、内的動機づけは個人の内面から発生する動機づけのことで、好奇心や向上心などによる場合が多いです。内的動機づけがある部下は、仕事自体を楽しんでくれているため、自発的に行動し、生産性を向上させるなど、良い循環を作ります。得意分野を活かせるような仕事を与えたり、成長できる分野の仕事の権限を委譲したり、評価によるフィードバックをすると良いでしょう。

第5章

職場として部下に
どう対応するかを理解する
(「環境モデル」の活用)

Ⅰ 環境モデルの必要性

　本章では、「健康－心理－環境モデル」の「環境モデル」について説明します。環境モデルは、部下の問題に職場としてどう対応したら良いのかわからない場合での活用を想定したモデルです。

　上司は職場という環境の中で、法令（法律や命令）、就業規則、制度、労働契約、社内ルール、暗黙のルールを前提におきながらどのように部下をサポートするのか考えなければなりません。働くルールを意識しないマネジメントには、コンプライアンス違反や労務リスクがつきまといます。働く上で守らなければいけない法令などを知り、しっかり整理しておきましょう。

　なお、環境モデルの活用にあたっては、整備されるべきルールがきちんと整備されていることが前提となります。昨今、法令改正は多いですが、その都度対応しましょう。

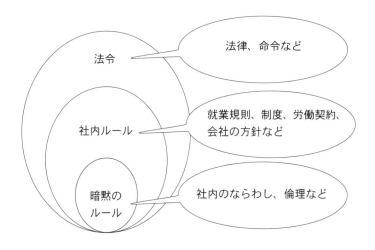

Ⅱ 環境モデルの活用手順

　環境モデルは、基本的には上司が、法令などに基づく職場のルールについて知り、職場ルールと職場における部下の問題を照合し対処する、というプロセスを段階的に示したものとなり、次の3つのステップから成り立ちます。部下から話を聞く際は、第4章を参考にしてください。

　ステップ1．（上司自身が）職場のルールや会社の方針などを知っている
　　　　　　　かどうか確認する
　ステップ2．職場として問題に対応できるかどうか、検討のうえで判断する
　ステップ3．上司としての支援の権限があるかどうか確認する

　なお上司の対応をフローチャートで表すと次のようになります。

```
┌─────────────────────────────────────┐
│ 1．職場のルールや会社の方針などを知っている │
└─────────────────────────────────────┘
         YES    NO  ─→    職場ルールなどを確認する
          ↓
┌─────────────────────────────────────┐
│ 2．職場として部下の問題に対応できる        │
└─────────────────────────────────────┘
         YES    NO  ─→    対応できない理由を部下に説明する
          ↓                必要があれば職場ルールなどを改正する
┌─────────────────────────────────────┐
│ 3．上司としてできる支援がある、その権限がある │
└─────────────────────────────────────┘
         YES    NO  ─→    必要があれば上申する
          ↓

      自ら支援する
      他の部下を使って支援する
      （補完する、支援する、環境を調整する）
```

職場のルールや会社の方針などを知っているかどうか確認する

・働く上で最低限知っていてほしい法令とは？

働く時に守る必要のある法律として、まず労働基準法があります。部下のマネジメントをするにあたり、必要な部分についてのみ説明します。

労働基準法では、「労働時間」を、原則として1日8時間、1週間で40時間と規定しています。それを超えて働いてもらった時、つまり時間外労働（残業や休日出勤）をさせた場合には次の表の分の割増賃金を支払わなければいけません。

割増賃金

法定労働時間を超えて働く場合（時間外労働）	25％以上の割増賃金
法定休日に働く場合（休日労働）	35％以上の割増賃金
午後10時から午前5時の間に働く場合（深夜労働）	25％以上の割増賃金
時間外労働＋深夜労働	50％以上の割増賃金
1か月60時間を超える時間外労働	50％以上の割増賃金
法定休日労働＋深夜労働	60％以上の割増賃金

マネジャーの役割は、部下を通じて仕事を達成し、また生産性を上げることですから、いかに残業をさせず業務を回していくのかについて考える必要があります。

特に、2023年4月から中小企業でも月60時間超えの時間外労働に対する割増賃金率が50％以上となりました。あまりにも時間外労働が増えると、人件費が相当程度かさむ可能性がありますので注意が必要です。

「年次有給休暇」は、半年以上継続して働いており、かつ全労働日の8割以上出勤している従業員に対して与えられるものです。アルバイトやパートタイマーであってもある一定以上の所定労働日数があれば付与されます。2019年4月から有給休暇の取得が義務化され、法定の有給休暇付与日数が

10日以上となるすべての労働者に、毎年5日の年次有給休暇を確実に取得させなければいけません。そのため、部下が有給休暇を取得しやすいように業務を調整する必要があります。例えば、閑散期に年次有給休暇の計画的付与日を設け、年次有給休暇の取得を促すなどの工夫が考えられます。

・就業規則

　就業規則とは、労働者の意見を聞いた上で会社が決めるオリジナルルールであり、本則と諸規程があります。諸規程には例えば育児介護規程、賃金規程などが該当します。また、労働組合がある場合、使用者と労働組合（一定の条件を満たした場合は非組合員にも）に労働協約というルールが適用されることがあります。ここでは、これまで労働条件や服務規律の決定に特に大きな役割を果たしてきた就業規則の概要を説明します。

　就業規則には、絶対的必要記載事項と相対的必要記載事項があります。

　絶対的必要記載事項とは、必ず定めて必ず記載しなければならない事項のことで、「労働時間」「賃金」「退職」に関する事項です。

　「労働時間」の項目では、始業・終業時刻、休憩時間、休日、休暇、交替勤務がある場合は交替の仕方なども定めます。始業・終業時刻、休憩時間、休日や交替制があるかなどは会社により異なり、同じ会社であっても事業所ごとに異なる場合もあります。労働時間は前述したように1日に8時間、1週間に40時間勤務が原則ですが、1か月単位や1年単位の変形労働時間制などを導入しているところもあります。

　「賃金」の項目では、給料の決定・計算・支払い方法、給料の締切、支払日、昇給に関する事項などを定めます。

　「退職」の項目には、退職や解雇に関する事項などが書かれています。

　相対的必要記載事項とは、制度を設けるかどうかは会社の自由ながら制度を設けた場合には必ず記載しなければならない項目のことです。例えば、退職金制度を作るかどうかは会社の任意ですが、退職金制度を設けた場合には、退職金に関する事項を記載する必要があります。

　労務管理をする上で、就業規則を知っておくことは必須です。昨今では高校や大学で働く上で必要なルールやコンプライアンスについての講座を受け

られることもあり、若手の従業員は労働条件などについてよく学んでいます。上司もしっかり就業規則を確認しておくことが大切です。

・両立支援制度

　企業にて整備しておきたい両立支援制度について説明します。大きく「仕事と出産・育児の両立」「仕事と介護の両立」「仕事と治療の両立」の３つに分けられ、それぞれ国の制度やガイドラインでその枠組みが示されています。

①仕事と出産・育児の両立

　出産に関しては、産前・産後休業があります。休業期間中の社会保険料（健康保険料や厚生年金保険料）は、被保険者分及び事業主分ともに免除されます。また、出産手当金や出産育児一時金などの給付金も受けられます。

　育児休業は、１歳未満の子供がいる時に取得することができますが、保育所に入所できないなどの事情がある場合は、最長で２年まで延長できます。アルバイトやパートタイマーのような雇用期間の定めのある労働者も、一定の要件を満たせば取得可能です。一方、会社によっては労使協定で一定の労働者を対象外にしている場合がありますので、総務や人事の担当者に確認してください。

　産後パパ育休（出産時育児休業）のように子供が生まれてから８週間以内に４週間休業できる制度もあります。男性従業員が育児や家事を手伝うことで、女性の円滑な企業復帰、さらなる社会での活躍も期待されます。

　なお育休中も社会保険料（健康保険料や厚生年金保険料）は免除され、育児休業中に一定の条件を満たした者に対しては雇用保険から育児休業給付金が支給されます。

　産前・産後休業や育児休業期間は手続きの申請などが多いので、総務や人事の担当者としっかりと連携を取り、申請漏れがないようにします。また、就業規則にて社内ルールがどうなっているかを調べたうえで、該当者と一連の流れをしっかりと話し合いましょう。随時相談にのり対話を重ねることで、信頼感が醸成され離職防止に繋がります。

　男性従業員が育休を取る際には、「男性のくせに育休を取るのか。もう責

任のある仕事を任せられないな」などのような不適切な発言が問題となることがないように心掛けましょう。男性が育休を取ることに偏見をもたず、部下に対しても無意識に自分の意見や考え方を押しつけてしまわないよう、会話には細心の注意を払います。

②仕事と介護の両立

　介護休業は、労働者が要介護状態にある対象家族を介護するための制度です。アルバイトやパートタイマーのような雇用期間の定めのある労働者も、要件を満たせば取得可能ですが、会社により労使協定で一定の労働者を対象外にしている場合がありますので、総務・人事担当者にあらかじめ確認しておきましょう。介護休業中に一定の条件を満たした者に対しては雇用保険より介護休業給付金が支給されます。

　介護の場合、ぎりぎりまで介護をしていることを上司に言えず、結果退職に至るケースがあります。日頃から信頼関係を構築し、何事もすぐ相談してもらえる環境を作っておくことが重要です。介護休業制度について知らない部下も多いので、就業規則に基づいて流れを説明し、周知ならびに総務・人事担当者との連携を図ります。介護では1人で抱え込みすぎるケースが多いため、地域包括支援センターや自治体の高齢者関連の窓口、地域での支援事業を調べるよう部下に促しましょう。厚生労働省では、「仕事と介護の両立～介護離職を防ぐために～」（https://www.mhlw.go.jp/stf/seisakunitsuite/bunya/koyou_roudou/koyoukintou/ryouritsu/index.html）をまとめていますので、目を通してできそうなことを実践してみてください。

③仕事と治療の両立

　仕事と治療の両立とは、「病気を抱えながらも、働く意欲・能力のある労働者が、仕事を理由として治療機会を逃すことなく、また、治療の必要性を理由として職業生活の継続を妨げられることなく、適切な治療を受けながら、生き生きと就労を続けられること」を指します。育児や介護休業のように法制化されているわけではなく、現在のところ、「事業場における治療と仕事の両立支援のためのガイドライン」により、事業場の取組みが掲載されるにとどまっています。

会社により制度は異なりますが、時間単位で取得できる有給休暇制度や病気休暇制度などが設けられている場合がありますので、就業規則を確認するとよいでしょう。そして部下とコミュニケーションを取りながら、治療の状況に応じた就業上の配慮や措置などを行います。総務・人事だけでなく、事業場内外の関係者との連携も大切です。

　「事業場における治療と仕事の両立支援のためのガイドライン」より、労働者や事業者が利用できる主な支援制度及び支援機関を抜粋して掲載しました。部下と話し合う時などの参考にしてください。

・労働契約（雇用契約）

　労働契約（雇用契約）とは、労働者と使用者の間で個別に結ばれる、労働条件に関する合意に基づく約束です。この約束は、労働契約書（雇用契約書）によって明示されます。契約書には以下の内容が含まれます。

①契約期間、更新の有無、更新の基準、及び通算契約期間・更新回数の上限の有無、上限の内容

②就業場所・業務内容、及びそれぞれの変更の範囲

③無期転換申込権が発生する時の無期転換の申し込みや労働条件に関する事項

④勤務時間や休憩時間、休日など

⑤給料額の計算法や支払い時期

⑥辞める時の決まり（退職や解雇）

⑦社会保険の加入の有無

　「①契約期間、更新の有無、更新の基準、及び通算契約期間・更新回数の上限の有無、上限の内容」については、2024年4月から、有期労働契約の締結及び更新時に、更新上限（有期労働契約の通算契約期間または更新回数の上限）の有無とその内容を明示することが義務付けられました。更新上限を新設または短縮する場合は、その理由を事前に説明する必要があります。

　「②就業場所・業務内容、及びそれぞれの変更の範囲」については、契約締結及び有期労働契約の更新時に、雇入れ直後の就業場所・業務の内容と、就業場所・業務の変更の範囲を全ての労働者に対して明示することが義務付

治療と仕事の両立に関する支援制度・機関

　治療と仕事の両立について、労働者や事業者が利用できる主な支援制度及び支援機関の一覧である。

1　労働者が利用できる支援制度・機関

（1）利用可能な支援制度

類型	制度		概要（両立支援と関連する部分）
医療費	高額療養費制度	申請窓口	公的医療保険の担当窓口
		支援対象者	公的医療保険の被保険者・被扶養者
		支援内容	同一月に支払った医療費の自己負担額が一定金額（自己負担限度額）を超えた場合に、超過分が後で払い戻される制度。自己負担限度額は被保険者の年齢・所得状況により設定されている。診療月から払い戻しまでは通常、3か月以上かかる。
	限度額適用認定証	申請窓口	公的医療保険の担当窓口
		支援対象者	公的医療保険の被保険者・被扶養者
		支援内容	事前に発行された本認定証を医療機関等に提示することで、高額療養費制度を利用する場合に、1か月間の窓口での支払いが自己負担限度額以内に抑えられる。
	高額療養費貸付制度	申請窓口	公的医療保険の担当窓口
		支援対象者	公的医療保険の被保険者・被扶養者
		支援内容	同一月に支払った医療費の自己負担額が自己負担限度額を超えた場合に、当座の支払いに充てる資金として、高額療養費支給見込額の8割相当の貸付を無利子で受けられる。
	高額医療・高額介護合算療養費制度	申請窓口	公的医療保険の担当窓口
		支援対象者	公的医療保険の被保険者・被扶養者で1年間に医療保険・介護保険の両方で自己負担があった者
		支援内容	医療保険・介護保険の自己負担額の合算が基準額を超えた場合、超過分の払い戻しを受けられる。
	確定申告による医療費控除	申請窓口	所轄税務署の担当窓口
		支援対象者	確定申告を行った納税者
		支援内容	同一年に自身や生計を一にする配偶者・その他親族のために支払った医療費のうち、一定金額分の所得控除を受けられる。
	指定難病・小児慢性特定疾病の患者に対する医療費助成制度	申請窓口	地方公共団体の担当窓口 （難病：都道府県、指定都市） （小児慢性特定疾病：都道府県、指定都市、中核市等）
		支援対象者	国が指定した難病（小児慢性特定疾患）の患者のうち一定の基準を満たす者
		支援内容	自己負担割合を軽減し、また毎月一定金額（負担上限月額）を超えた分の医療費について助成を受けられる。

医療費	肝炎患者（B型・C型）に対する医療費の支援	申請窓口	居住する都道府県の担当窓口
		支援対象者	B型・C型ウイルス性肝炎患者
		支援内容	核酸アナログ製剤治療やインターフェロンフリー治療等による肝炎の医療費や肝がん・重度肝硬変の入院及び肝がんの分子標的薬に係る通院医療費（助成月を含め過去1年で既に3月以上入院又は通院している場合）について、同一月に支払った医療費の自己負担額が一定金額を超えた場合、医療費の助成を受けられる。その他、初回精密検査費や定期検査費（年2回まで）の助成を受けられる。
	自立支援医療制度	申請窓口	居住する市区町村の担当窓口
		支援対象者	身体に障害を有する者（18歳以上の場合は、身体障害者手帳が必要）・精神疾患のために継続的な通院による医療を必要とする者
		支援内容	心身の障害の軽減のための医療について、自立支援医療受給者証を指定自立支援医療機関に提示することにより、所得等に応じて、自己負担額の軽減措置が受けられる。
生活支援	傷病手当金	申請窓口	協会けんぽ、健康保険組合担当窓口
		支援対象者	協会けんぽ、健康保険組合の被保険者で、傷病のために会社を休み、事業主から十分な報酬を得られない者（ただし任意継続の被保険者は対象外）
		支援内容	以下の4条件すべてに該当した場合に、支給開始日から通算して1年6か月に達する間、1日当たり被保険者の標準報酬月額の30分の1の3分の2相当額の支払いを受けられる。 (1) 業務外の事由による傷病の療養のための休業である。 (2) 就業が不可能である。 (3) 連続する3日間を含み4日以上就業できなかった。 (4) 休業期間について給与等の支払いがない（支払額が傷病手当金の額より少ない場合は差額の支給を受けられる。）。
	生活福祉資金貸付制度	申請窓口	居住する市区町村の社会福祉協議会
		支援対象者	(1) 必要な資金を他から借り受けることが困難な世帯（市町村民税非課税程度）。（低所得者世帯） (2) 身体障害者手帳、療育手帳、精神障害者保健福祉手帳の交付を受けた者、その他現に障害者総合支援法によるサービスを利用している等これと同程度と認められる者の属する世帯。（障害者世帯） (3) 65歳以上の高齢者の属する世帯。（高齢者世帯）
		支援内容	無利子または低金利で、生活再建に必要な生活費等の貸付を受けられる。
	介護保険制度	申請窓口	住所のある市区町村の介護保険担当窓口
		支援対象者	要介護認定等を受けた者
		支援内容	要介護認定等を受けた者の必要に応じて、所得の状況により1割～3割の自己負担により、介護サービスを受けることができる（40～64歳の第2号被保険者は1割）。

生活支援	障害年金	申請窓口	年金事務所 障害基礎年金は、住所のある市区町村の国民年金担当窓口でも申請できる。
		支援対象者	国民年金若しくは厚生年金保険の被保険者期間若しくは60歳から65歳までの間に障害の原因となった傷病の初診日があり一定の保険料納付済期間等を有する者又は20歳未満に初診日がある者であって、障害等級1級又は2級（厚生年金保険の被保険者等は1級、2級、3級若しくは障害手当金のいずれか）に該当する者
		支援内容	国民年金に加入中等に初診日がある場合は、障害基礎年金を受給できる。厚生年金保険に加入中に初診日がある場合は、障害厚生年金又は障害手当金（一時金）を受給できる（1級又は2級の場合は、障害基礎年金も併せて受給できる）。
	身体障害者手帳	申請窓口	居住する市区町村の障害福祉担当窓口
		支援対象者	身体障害者福祉法別表に定める障害の状態にあると認められた者
		支援内容	各自治体が認定基準に該当すると認めた場合に、手帳が交付される。手帳が交付されると、障害の程度に応じて障害福祉サービス等が受けられるほか、公共料金、交通機関の旅客運賃、公共施設の利用料金の割引、各種税の減免等のサービスを受けることができる。
	精神障害者保健福祉手帳	申請窓口	居住する市区町村の障害福祉担当窓口
		支援対象者	精神保健福祉法施行令に定める1級～3級の精神障害の状態にあると認められた者
		支援内容	各自治体が認定基準に該当すると認めた場合に、手帳が交付される。手帳が交付されると、公共施設の利用料金の割引等のサービスを受けることができる。
	障害福祉サービス	申請窓口	居住する市区町村の障害福祉担当窓口
		支援対象者	身体障害者、知的障害者、精神障害者又は難病等対象者
		支援内容	障害支援区分等に応じて、介護や訓練等の支援を受けられる。費用の自己負担は世帯の負担能力に応じた額となる。

（2）利用可能な支援機関

類型	名称	概要（両立支援と関連する部分）
医療機関	がん診療連携拠点病院	がん医療の均てん化等を目的に整備が進められてきた病院であり、院内に設置されているがん相談支援センターでは、就労に関する相談支援を行っている。必要に応じて、産業保健総合支援センターやハローワーク等と連携し、相談への対応を行う。
	肝疾患診療連携拠点病院	肝炎患者等が、居住地域にかかわらず適切な肝炎医療を受けられるよう、地域の特性に応じた肝疾患診療体制を構築するため整備が進められてきた病院であり、肝疾患に係る一般的な医療情報の提供や医療従事者や地域住民を対象とした研修会・講演会の開催や肝疾患に関する相談支援等を行う。 院内に設置されている肝疾患相談支援センターでは、相談員（医師、看護師等）が患者及び家族等からの相談等に対応するほか、肝炎に関する情報の収集等を行っている。また、保健師や栄養士を配置し、食事や運動等の日常生活に関する生活指導や情報提供を行う。

医療機関	難病診療連携拠点病院	難病の患者がどこに暮らしていても、疾病の特性に応じて早期の診断がつき、適切な治療が受けられるようにするために整備された病院であり、難病相談支援センターと連携しながら難病患者への支援を行う。
	労災病院、吉備高原医療リハビリテーションセンター、総合せき損センター、北海道せき損センター	労災病院、吉備高原医療リハビリテーションセンター、総合せき損センター、北海道せき損センター及び労災病院併設の治療就労両立支援センターでは、がん、糖尿病、脳卒中（リハ）、メンタルヘルス等全ての疾病について、休業からの職場復帰や治療と仕事の両立支援を実施している。
	労災病院の治療就労両立支援センター	労災病院併設の治療就労両立支援センターでは、治療と仕事の両立支援を実施するとともに、事例を集積し、両立支援マニュアルの作成・普及を行っている。
就業支援	ハローワーク	ハローワークとがん診療連携拠点病院等が連携してがん患者等に対する就労支援を行う事業を実施している。 がん診療連携拠点病院等の看護師やソーシャルワーカーとハローワークが連携し、病状や通院頻度など、就労に当たって配慮が必要な点等を把握した上で、企業に対して求める人材を紹介しているほか、事業主向けのセミナー等も開催している。 ▶厚生労働省ウェブサイト（長期療養者就職支援事業） （https://www.mhlw.go.jp/stf/seisakunitsuite/bunya/0000065173.html） さらに、ハローワークに「難病患者就職サポーター」を配置し、難病相談支援センターをはじめとした地域の関係機関と連携しながら、個々の難病患者の希望や特性、配慮事項等を踏まえたきめ細かな職業相談・職業紹介及び定着支援等総合的な支援を実施している。 ▶厚生労働省ウェブサイト（難病患者の就労支援） （https://www.mhlw.go.jp/stf/seisakunitsuite/bunya/koyou_roudou/koyou/shougaishakoyou/06e.html）
	難病相談支援センター	難病の患者が地域で安心して療養しながら暮らしを続けていくことができるよう、難病の患者等に対する相談・支援、地域交流活動の促進及び就労支援等を行う拠点施設であり、難病診療連携拠点病院等、ハローワーク等の就労支援機関などと連携しながら難病患者への支援を行っている。
	精神保健福祉センター・保健所	精神保健福祉に関する相談指導、知識の普及等を行っているほか、アルコール、薬物、ギャンブル等の依存症に関する相談指導、心の健康づくり等の事業を実施している。

2　事業者が利用できる支援制度・支援機関

（1）利用可能な支援制度

類型	概要（両立支援と関連する部分）
団体経由産業保健活動推進助成金	【申請窓口】独立行政法人労働者健康安全機構 （https://www.johas.go.jp/sangyouhoken/tabid/1251/Default.aspx） 事業主団体等や労働保険の特別加入団体が、傘下の中小企業等に対して、治療と仕事の両立支援を含めた産業保健サービスを提供する費用の一部を助成する。 （活動費用の4／5。上限100万円。）
キャリアアップ助成金 （障害者正社員化コース）	【申請窓口】都道府県労働局 障害のある有期雇用労働者等を正規雇用労働者等へ転換する事業主に対して助成する。

障害者介助等助成金	【申請窓口】独立行政法人高齢・障害・求職者雇用支援機構 都道府県支部高齢・障害者業務課（東京・大阪は高齢・障害者窓口サービス課） 障害者の職場定着、職場復帰を図るため、必要な介助者の配置などの特別な措置を行う事業主に対して助成する。
職場適応援助者助成金	【申請窓口】独立行政法人　高齢・障害・求職者雇用支援機構 都道府県支部高齢・障害者業務課（東京・大阪は高齢・障害者窓口サービス課） 自社で雇用する障害者に対して、企業在籍型職場適応援助者を配置して、職場適応援助を行わせる場合に助成を行う。

（2）利用可能な支援機関

機関	概要
産業保健総合支援センター	都道府県の産業保健総合支援センター（さんぽセンター）において、治療と仕事の両立支援のための専門の相談員を配置し、以下のような支援を行っている。 ・事業者等に対する啓発セミナー ・産業医、産業保健スタッフ、人事労務担当者等に対する専門的研修 ・関係者からの相談対応 ・両立支援に取り組む事業場への個別訪問指導 ・患者（労働者）と事業者の間の調整支援等
ハローワーク	事業内容については、1（2）をご参照下さい。 ※詳細は下記 URL をご参照下さい。 ▶ 厚生労働省ウェブサイト（長期療養者就職支援事業） (https://www.mhlw.go.jp/stf/seisakunitsuite/bunya/0000065173.html) ▶ 厚生労働省ウェブサイト（難病患者の就労支援 事業主の方へ） (https://www.mhlw.go.jp/stf/seisakunitsuite/bunya/0000146556.html)
障害者就業・生活支援センター	障害者の職業生活における自立を図るため、雇用、保健、福祉、教育等の関係機関との連携の下、障害者の身近な地域において就業面及び生活面における一体的な支援を行っている。 ※詳細は下記 URL をご参照ください。 ▶ 厚生労働省ウェブサイト（障害者就業・生活支援センターについて） (https://www.mhlw.go.jp/stf/newpage_18012.html)
地域障害者職業センター	独立行政法人高齢・障害・求職者雇用支援機構により各都道府県に1か所（そのほか支所5か所）設置・運営されている地域障害者職業センターでは、専門職の「障害者職業カウンセラー」を配置し、障害者一人ひとりのニーズに応じて、職業評価、職業指導、職業準備訓練及び職場適応援助等の各種の職業リハビリテーションを実施するとともに、事業主に対して、雇用管理に関する専門的な助言その他の支援を実施している。加えて、地域の関係機関に対して、職業リハビリテーションに関する助言・援助等を実施している。 ※詳細は下記 URL をご参照下さい。 ▶ 独立行政法人高齢・障害・求職者雇用支援機構ウェブサイト（地域障害者職業センター）(https://www.jeed.go.jp/location/chiiki/index.html)
難病相談支援センター	難病の患者が地域で安心して療養しながら暮らしを続けていくことができるよう、難病の患者等に対する相談・支援、地域交流活動の促進及び就労支援等を行う拠点施設であり、難病診療連携拠点病院等、ハローワーク等の就労支援機関などと連携しながら難病患者への支援を行っている。 さらに、以下のような取組を行っています。 ・関係者からの相談対応 ・患者（労働者）と事業者の間の調整支援等 ・難病に理解のある企業を積極的に周知する取組やイベント ・企業等を対象にした難病に対する理解を深める取組

出典：厚生労働省「事業場における治療と仕事の両立支援のためのガイドライン」

けられました。

「③無期転換申込権が発生する時の無期転換の申し込みや労働条件に関する事項」については、無期転換申込権が発生する有期労働契約の更新のタイミングで、無期転換を申し込むことができる旨（無期転換申込機会）及び無期転換後の労働条件を決定する際に、正規の労働者や無期雇用フルタイム労働者とのバランスを考慮した事項の説明が必要になります。

これらの改正点は、労働基準法施行規則及び有期労働契約の締結、更新及び雇止めに関する基準の改正によって導入されました。改正の目的は、労働者の権利の保護を強化し、労働条件の透明性を高めることにあります。雇用契約を結ぶ際には、これらの改正点を踏まえた内容を理解することが重要です。

次に、「退職」と「解雇」のそれぞれの違いを認識しましょう。退職とは、労働者の意思あるいは労働者と使用者の合意に基づき労働契約を終了することです。一方、解雇は使用者の意思で労働契約を一方的に終了させて、労働者を辞めさせることを言います。労働者はこのどちらであるかを離職票の発行時、離職理由の欄で確認できますが、それによって労働者が受け取れる失業給付の基本手当の給付日数や支給開始までの期間は変わってきます。そのため部下にとっては重大な関心事です。退職か解雇かの認識について使用者と労働者の間にずれが生じないよう注意が必要です。

最後に、「社会保険」の、労災保険、雇用保険、健康保険、厚生年金保険について説明します。労災保険は、業務上や通勤中のけが、病気、障害、死亡に対して国が給付を行う制度であり、すべての労働者が対象になります。

雇用保険は、労働者が失業した時などに、生活や雇用の安定、就職の促進のために失業給付などを支給する制度で、1週間当たりの所定労働時間が20時間以上で、31日以上引き続き雇用される見込みがあるものが対象です。アルバイトやパートタイマーに対して「雇用保険に入ることはできない」と言う方がいますが、その可否は所定労働時間や雇用期間で決まりますので、雇用形態に関わらず加入できる場合があります。

健康保険は、労働者や家族に病気やけが、出産や死亡などの出来事があった時に、必要な医療給付や手当金を支給する制度です。厚生年金保険は、労

働者が高齢になったり、けがや病気で障害が残ったり、家族を残して亡くなった場合などに備えた保険です。両者とも対象者は、正社員または1週間の所定労働時間及び1か月の所定労働日数が同じ事業所で同様の業務に従事している正社員の4分の3以上であるものです。つまり、雇用形態に関わらずに所定労働時間や所定労働日数が一定以上であれば健康保険や厚生年金に加入できます。一方で、社会保険の扶養の範囲内で働きたいと思っている人など、社会保険に加入したくない人もいます。この場合は、「年収130万円以内を希望するので、年度末はシフトに入れません」といったアルバイトやパートタイマーの方からお願いされても困らないようにあらかじめシフトを調整する必要が出てきます。

　なお制度上、従業員数101人以上の会社（2024年10月から従業員数51人以上の会社）の従業員は、130万の壁に関係なく、また上記の4分の3基準を満たしていなくとも、週の所定労働時間が20時間以上、月額賃金が88,000円以上、2か月を超える雇用の見込みがあり、学生でなければ、社会保険に加入しなければなりません。従業員規模が50人前後の会社は、今後特に注意が必要です。また、2023年10月から「年収の壁・支援強化パッケージ」が導入されました。106万や130万の壁を超えて働いても手取りが減らないようにする施策が期間限定で実施されています。こちらの施策は、従業員にきちんと説明し、認識してもらうことが大切です。

・会社の方針

　会社の方針は、経営方針、職務分掌、人事考課などによって示されます。
- ・経営方針…事業を展開する上での目標のこと
- ・職務分掌…組織において役職者や担当者が果たすべき責任や職務の権限を明確にするもの
- ・人事考課…企業で定めた評価基準に基づき社員の実績や業務態度、能力を評価する制度。

・暗黙のルール

　明文化されていない暗黙のルールとして、社内のならわし、倫理などがあ

ります。

- 社内のならわし…職場で繰り返し行われてしきたりとなった習慣。具体的な例としては、掃除当番が曜日ごとに決まっていたり、朝礼で順次1分間スピーチの順番が回ってくることなどがあります。
- 倫理…人として何を行うべきかの基準のことを指します。専門集団の職業倫理というものもあります。例えば社会保険労務士であれば、倫理綱領において、「品位を保持し、常に人格の陶冶にはげみ、旺盛なる責任感をもって誠実に職務を行い、もって名誉や信用の高揚につとめなければならない」と決められています。

STEP 2 職場として問題に対応できるかどうか検討のうえで判断する

・職場のルールや会社の方針などを確認して対応する

　職場に問題がある場合は、部下から話を聞き（第4章参照）、部下が抱える問題がわかったら、その問題に対応する就業規則などの職場ルールがあるかどうかを確認します。次の例のような対応が望ましいです。

（上手く対応できた例）
　従業員が、がんに罹患したことをきっかけに、会社の会議で病気休暇の制度が追加されることに決まりました。上司が部下に対して「今月から病気休暇を利用できると思うよ」と報告をしました。

　ただ現実には上司の確認不足をはじめ様々な要因で問題に対応できない場合もあります。その一例と、望ましい対応の仕方をご紹介します。

（上司が法令を確認していない事例）
　部下から有給休暇の申請があった時、会社に定めがあるにもかかわらず、「パートには有給休暇の制度はないよ」と上司が労働基準法をよく知らずに自分の常識の範囲内で答えてしまいました。
→しっかりと法令を調べてから部下に伝えましょう。

（上司が就業規則を確認していない事例）
　部下から「先日医師からうつ病だと診断を受けました」と電話で報告を受けましたが、休職などの必要な対応をせず、それから部下はしばらく休んだままになっています。
→本来ならば就業規則を確認して対応しなければなりません。一般的に就業規則には「休職」の事項があります。医師の診断書を提出してもらい、

休職期間の手続きを行います。

（部下が通常提供していないサービスを勝手に提供していた事例）

　　訪問介護のヘルパーさんが利用者のペットの世話をしていることが判明し、介護保険外のサービスであると注意したところ、利用者に「『ありがとう』と感謝されるのがうれしくてやりがいを感じているので、引き続きペットの世話をさせてください」と懇願され、そのまま賛同したというケースです。一見、利用者に対して独自の付加価値が提供されており良いことのように見えます。しかし、他のヘルパーさんがそのお宅に行き、「介護保険外のサービスなのでペットの世話をすることはできないのですが…」と断ったところ、「この間来てくれたヘルパーさんが良い」と言われ、以後他の方が対応できなくなってしまいました。

→この場合は、最初に社内ルールに従っていないことがわかった段階で社内ルールにもとづいてペットの世話をやめさせるべきでした。ただその時にすべき対応をしてなかったため、他のヘルパーさんにも迷惑をかけることになりました。職場のヘルパーさんを集めて、社内のルールを徹底するための研修を行いましょう。

（社内ルールが変更された事例）

　　コロナ禍では全日テレワークが認められていましたが、その後テレワークは週３日を上限にするという社内ルールに変更されました。「テレワークの方が通勤もなくなり効率的に仕事ができるので、全日テレワークに戻してほしい」と部下から相談されましたが、「もう決まったことだから」と言うだけで何の説明も対応もせず、以来部下と折り合いが悪くなってしまいました。

→このような場合は、できれば理由（例えば「コミュニケーション不足、各在宅環境における設備の不十分さ、会社の資料や書類が十分に確認できない」といった問題が各社員から出されたため、などその企業の事情）も一緒に説明すると納得度が高まります。

　前提として、法令や会社のルール、方針などについて上司自身が理解しておくに越したことはありませんが、相当な数のルールを完璧に把握するのは困難です。部下から相談された時、また自分から部下に声を掛けてみた時でも、ルールについて漠然と認識していたり深く理解できていなかった場合、咄嗟に言葉が出てこない場合などがあると思います。そういう時は、まず「専門的な内容なので、総務や人事担当者に確認するよ」と伝えましょう。労働関係の諸法令の改正は近年多いうえ、部下が上司に相談をもちかける前に同僚に相談していたり、ネットで調べていることも多くあります。半端な対応は望ましくありません。

　会社のルールなどが法令などに則って正しく整備されている状況であっても、それをもって今回の問題に対応できない場合は、その旨を部下に説明します。部下が納得しない、または受け入れられない場合は、心理モデル（第4章参照）を使って、部下が求めていることや法令や会社のルールなどを守れない理由についてじっくり聞くことが大切です。

　また会社のルールや方針などが変わる時は、トラブルを予防する意味でも事前に部下に説明する機会を設けましょう。

・職場のメンバーや本人に有益な支援は何かを聞く

　部下自身や職場のほかのメンバーに、どんな支援が必要かどうか直接聞いてみましょう。「何かお手伝いできることはないか」など声掛けをしてみると、現場が困っていることで上司が知らなかったことがわかるかもしれません。実際に職場のメンバーや部下に聞いてみれば、次の例のように、支援できる方法があることを教えてくれます。聞き取りを終えたら、その支援を可能とする職場ルールがあるかどうか確認します。聞き取りの仕方については第4章をご参照ください。

（職場のメンバーから聞かされた声）
　・Aさんが最近休みがちで、とても疲れている様子だった。
　→Aさんと上司両者と親交がある部下から
　「最近、Aさんのお子さんが病気がちだと聞いていたので、一度、Aさん

と話し合ってみてはどうでしょうか？」

・あるプロジェクトに参加してからEさんの口数が減り少し不機嫌になっているように見える。周りを気にするような素振りも目立っている。

→Eさんと同じプロジェクトメンバーより

「Eさんが仕事のミスをしてから同僚のFさんの横柄な態度が続いていて、元気がなかったので、一度Eさんの話を聞いてみてはどうでしょうか？」

・KさんがLさんと揉めているようだ。仕事をしている時に少し口調を荒らげて話し合っていた。

→中堅社員のAさんから

「LさんがKさんに丁寧に仕事を教えていたのですがKさんがなかなか仕事を覚えてくれず、困っているのです。一度、上司とKさんと3者面談してもらいたいです」

（部下本人からの声）

・企業として初めて手掛ける領域の仕事の担当になった部下が、いつも遅くまで職場に残っている。

→「新しい領域の仕事で、残業をせずに業務を完了させることが困難だったので、あと1か月ほど、誰かの補助が欲しい」

・お互い忙しくあまり顔を合わせない部下と先日すれ違った時、何か話したそうな素振りをしていた。急いでいて確認できなかったが気になる。

→「取引先の営業部長との関係性があまり良くないので、一度、取引先に同行してもらえると助かります」

・検査の仕事をしている部下の業務成績が悪くなっている。

→「検査の仕事ですが、この頃、視力が悪くなっているので、検査の仕事を少なくしてもらいたい」

STEP 3　上司としての支援の権限があるかどうか確認する

・上司ができる支援を考える

　職場ルールに則って上司ができる対応、支援を書き出します。そして上司に権限がある場合は自分で実行したり、他の部下を使って支援します。支援の方法は種類別に次の3つに分けられます。より具体的な例については第6章をご参照ください。

①補完する

　　職場のメンバー同士がお互いに補い合いながら業務を遂行する方法です。

（例）

・定年退職後のシニアの方に新人育成を任せたり、技術や技能の継承をします。

・ITが苦手な社員の仕事をITが得意な社員が手伝います。

・残業が多い社員の仕事を他の社員と手分けして分担します。

②適宜必要な支援をする

　　部下が困った時に適宜、必要な支援を行います。部下本人や職場の他メンバーから聞いた内容での支援を考えることも良いでしょう。

（例）

・将来のキャリアに不安を感じている部下に対してアドバイスを与えます。

・キャリアアップするために研修の機会を設けます。

・部下が困っていて助けが必要な時、適切な専門家に繋ぎます。

③環境を調整する

　　部下が働きやすいように職場の環境を整えることです。

（例）

・外国人の部下に、ローマ字や仮名で表記したマニュアルを作成します。

・業務改善するための機器を導入します。

・新しい職場に配属になった部下が職場に馴染めるように歓迎会を提案します。

　もし必要と考えられる支援があっても上司にその権限がない場合は、自身の上司への上申なども検討しましょう。

第6章

事例から学ぶ！
「健康－心理－環境モデル」を
活用したマネジメントのコツ

本章では、実際に現場で各モデルをどう活用するのか、について事例を用いて説明します。職場にて起こりがちな事例に対し、健康、心理、環境の各モデルの視点からどのような対応が望ましいのか、その要点をまとめました。そのほかに気をつけたい事柄がある場合は「その他のポイント」として付け加えています。あくまでも一例として参考にしていただければと思います。

1　病気の治療と仕事の両立

（事例検討）

> 　部下のＡさん（42歳、男性）が健康診断を受けたところ、再検査を受けるようにと連絡がありました。後日、胃カメラの検査を受けると、医師から「胃がんのステージⅠです。初期のがんなので一緒に治療していきましょう」と告知されました。Ａさんは、医師の言葉を聞いた時、頭が真っ白になりました。Ａさんには、妻（40歳、女性）と中学生の子供（14歳、女性）がおり、一緒に暮らしています。がんを告知された数日後に、上司である課長Ｂさん（45歳、男性）に「少し時間をいただけませんか。込み入った相談なので、2人で話したいです」と声を掛けました。勤務先は従業員規模が30名ほどの会社で産業医はいません。また、治療と仕事の両立支援の制度はありませんが、就業規則の「休職」の項目に、業務外の病気の時には6か月の休職期間があることが明示されています。
> 　Ａさんは「これからもこの会社で仕事を続けていきたい」と思っています。このような状況の時、Ｂ課長は部下のＡさんにどのように対応しますか。

（「健康モデル」の視点）
　胃がんに罹患したという健康問題なので、「事例性」と「疾病性」に分けて考えます。

　「事例性」の観点からは、治療と仕事を両立する上で部下がどのような
ことに困っているか、どのような対策を取ればよいのかを具体的に考えま
す。

　Ａさんには同意をとったうえで、主治医に次の情報を伝えてもらいます
（「勤務情報を主治医に提供する際の様式例」（43 ページ）などを使用）。

ア　症状、治療の状況

　　・現在の症状

　　・入院や通院治療の必要性とその期間

　　・治療の内容、スケジュール

　　・通勤や業務遂行に影響を及ぼしうる症状や副作用の有無とその内容

イ　退院後又は通院治療中の就業継続の可否に関する意見

ウ　望ましい就業上の措置に関する意見（避けるべき作業、時間外労働の

　　可否、出張の可否など）

エ　その他配慮が必要な事項に関する意見（通院時間の確保や休憩場所の

　　確保など）

出典：厚生労働省「事業場における治療と仕事の両立のためのガイドライン」

　「疾病性」に関しては、主治医からの情報提供が大変重要です。主治医
と連携し、業務および環境を調整しましょう。産業保健総合支援センター
などに相談することも可能です。

（「心理モデル」の視点）

　30 分以上時間が取れるタイミングで部下のＡさんから話を聴くとよい
でしょう。また、「込み入った相談なので、2 人で話したいです」と言わ
れているので、プライバシーへの十分な配慮が必要です。胃がんの告知を
されてとてもショックを受けていると思われます。しっかりとＡさんの話
を傾聴しましょう。患者が不安に思っていることは、「今まで通り仕事が
できるだろうか」「副作用は出ないだろうか」「家族の将来を考えるといた
たまれない」「治療費や生活費は大丈夫だろうか」など様々です。じっく
りと話を聴くだけでもＡさんの心を落ち着かせることができます。気持ち

を受け止めてあげることが大切です。

(「環境モデル」の視点)
　この会社に治療と仕事の両立支援の制度はないので、就業規則などを確認し、それ以外でできることをします。Ａさんに今後の治療方針やスケジュールを聞いた上で、休むのか、短時間勤務にするのかなどを決めていきます。

　職場のメンバーに病気のことを伝えていいのかどうかについても聞いておきます。そのような情報を職場で共有し、協力関係を築いていれば、急に体調が悪くなった時に仕事を代わってもらえたり、手伝ってもらえることもあるでしょう。

　傷病手当金、高額療養費などの制度を必要に応じて使うこともできます。総務や人事の担当者と連携し、手続きの漏れがないよう気をつけます。

(その他のポイント)
　がんの告知を受けショックのあまり適応障害やうつなどの精神疾患にかかってしまう場合があります。適応障害とは、ある特定の出来事（胃がんであると告知されたこと）が、当人にとって耐えがたく感じられ、気分や行動面に症状が出ている状態です。体の病気なのだから心の病気とは関係ないはず、などと思わず、Ａさんが非常に強いストレスを受けている状況にあることを理解しましょう。

　また、本人の家族もかなりのショックを受けてしまいます。そのために「第二の患者」と言われます。家族が困っている場合には家族会などの情報提供も有効です。

2　メンタル不調の疑いがある部下

（事例検討）

　部下のCさん（25歳、男性）は、大学卒業後入社し、システム開発の仕事に従事してちょうど3年目を迎えています。Cさんは無遅刻無欠勤で、真面目な性格で仕事にも熱心に取り組み、周囲からも信頼を得ています。仕事にも慣れてきた頃、彼の成長を見込み、上司のD係長（35歳、男性）から「新しい開発のプロジェクトチームに加わってみないか」と打診を受け、快諾しました。ところが、新しいプロジェクトの仕事を始めてから1か月経ったころ、Cさんは仕事をなかなか進められず、ミスを繰り返している状態でした。

　D係長は、以前の彼の様子と違うので、心配して個別面談を行いました。D係長は、「最近、元気がないように見えるけれど、どうかしたのかい？」と尋ねました。Cさんは「ご迷惑をかけて申し訳ございません。以前より仕事量が多くて対応できないんです。プロジェクトの件、お話をいただいた時はうれしかったのですが、私の力では無理な気がしていて、考えれば考えるほど眠れなくなって、最近では食欲もわきません」と話してくれました。社内には健康管理室があり、産業医が常駐しています。このような状況の時、係長Dさんは部下のCさんにどのように対応しますか。

（「健康モデル」の視点）

　D係長が、Cさんの仕事が以前より遅くなりミスを繰り返していることから、いち早く彼の異変に気づき、声掛けをしているところは素晴らしいです。メンタル不調の疑いがあるCさんに対して、医療従事者でない上司が勝手に病気を診断してはいけません。この会社の社内には健康管理室があり、産業医が常駐していますので、そちらに繋ぎます。そこで、「疾病性」の有無を診断していただきます。次に、本人と産業医の意見を取りまとめて、どうするのか「事例性」を検討します。今回の場合は、本人から仕事

の量について対応できない旨の発言があるので、職場で調整をしながら、仕事量を軽減するなど業務上の配慮を行います。

（「心理モデル」の視点）

　しっかりと時間をかけ、プライバシーに配慮できる場所で話を聴きます。Cさんは、「以前より仕事量が多くて対応できないんです。プロジェクトの件、お話をいただいた時はうれしかったのですが、私の力では無理な気がしていて、考えれば考えるほど眠れなくなって、最近では食欲もわきません」とお話されています。D係長は「仕事量が多く対応できずに、プロジェクトの仕事が自分の力では無理だと思って、眠れなくなり、食欲がわかなくなっているんですね」と要約するだけでも、Cさんは気持ちを理解してもらっているように感じます。Cさんのことを否定せずに、話を評価せずに聴き、共感することが大切です。

（「環境モデル」の視点）

　「休職」とは、一般に、従業員が病気などの事由によって長期間にわたって業務を行うことができない場合に、労働者としての身分を保ったまま、会社が一定期間の就労を免除する取り扱いのことをいいます。メンタル不調で休む方がいる時は、就業規則の「休職」の項目を確認します。数日休養すれば体調が戻る場合は、本人が有給休暇を申請しリフレッシュすることもできるでしょう。

（その他のポイント）

　環境が変化する時、人はストレスを感じるものです。今回は、新プロジェクトで仕事の量が増えたことによりストレスが増加しました。部下の仕事に影響のある変更をした際、上司はその後も部下の仕事ぶりを注意深く見ておきましょう。

3　うつ病の部下

（事例検討）

> Xさん（33歳、男性）は、2か月前にうつ病と診断され、現在休職中です。直属の上司である係長のWさん（42歳、男性）は、Xさんの体調を考慮して、1か月に1回面談を行っています。ある日の面談で、Xさんから「係長は私のことをいつも気にかけてくださっているので、本音を話しますが、最近ずっと死にたいと思っています。将来のことを考えると心配になってしまって…私なんて生きていても仕方ありません。こんなことは係長にしか言えないです。絶対に誰にも言わないでください」と言われました。このような場面でWさんは、Xさんにどのように対応すれば良いでしょうか。

（「健康モデル」の視点）

　うつ病の疾患を認識したうえでの対応が必要です。部下のプライバシーには配慮すべきですが、自殺願望がみられる場合は例外として部下の生命や身体の保護が優先されます。例え「絶対に誰にも言わないでください」と言われても、まずは、本音を話してくれたことに感謝したうえで、心配していることを伝えます。次に、産業医や健康管理室と情報共有する旨を丁寧に伝えましょう。そして部下から同意を得て、産業医や健康管理室に繋ぎます。場合によっては、主治医と連携します。

（「心理モデル」の視点）

　休職中の部下との面談は個室で、部下の体調への配慮をしたうえで行います。上司は部下を励ましたり、叱責したり、コミュニケーションを強要しがちですが、それではかえって相手を追い詰めることになります。まずはじっくりと話を聴くことが大切です。今回の事例では、部下の健康状況、病院に通院しているのか、服薬は適切に行っているのかなどを確認しましょう。

（「環境モデル」の視点）

　社内に職場復帰支援プログラム（職場復帰支援についてあらかじめ定めたルール）や職場復帰支援プラン（休業中の労働者が復職するにあたり、復帰日や就業上の配慮など個別具体的な支援内容を定めたもの）がある場合は、必要に応じて情報を提供すると良いでしょう。特に、部下にとって休職中に給料が支払われないことに対する不安は大きいので、傷病手当金などの情報提供は重要です。

　厚生労働省の「心の健康問題により休業した労働者の職場復帰支援の手引き〜メンタルヘルス対策における職場復帰支援〜」には、職場復帰支援の流れが書かれていますので参考にしてください。

（その他のポイント）

　個人情報保護法の「雇用管理に関する個人情報のうち健康情報を取り扱うに当たっての留意事項」によれば、社員の健康情報の共有時はもちろん、情報収集する時も原則として当人の同意を得なければなりません。個人情報を取り扱う者には、個人情報を守る義務があります。

　また、労働契約法第5条には「使用者は、労働契約に伴い、労働者がその生命、身体等の安全を確保しつつ労働することができるよう、必要な配慮をするものとする」という安全配慮義務が定められています。安全配慮義務を果たすためにも、健康に関する個人情報について同意を得たうえで、就業上の配慮を行いましょう。

職場復帰支援の流れ

　手引による職場復帰支援の流れは下図のようになっています。

図　職場復帰支援の流れ

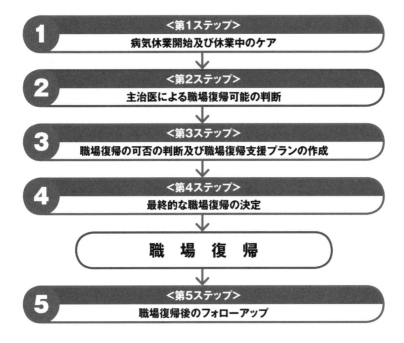

職場復帰支援の各ステップ

<第 1 ステップ> 病気休業開始及び休業中のケア

　労働者から管理監督者に主治医による診断書（病気休業診断書）が提出され、休業が始まります。管理監督者は、人事労務管理スタッフ等に診断書（病気休業診断書）が提出されたことを連絡します。休業する労働者に対しては、必要な事務手続きや職場復帰支援の手順を説明します。**労働者が病気休業期間中に安心して療養に専念できるよう、次のような項目については情報提供等の支援を行いましょう。**

- ・傷病手当金などの経済的な保障
- ・不安、悩みの相談先の紹介
- ・公的または民間の職場復帰支援サービス
- ・休業の最長（保障）期間等　　　　　など

<第 2 ステップ> 主治医による職場復帰可能の判断

　休業中の労働者から事業者に対し、職場復帰の意思が伝えられると、事業者は労働者に対して主治医による職場復帰が可能という判断が記された診断書の提出を求めます。診断書には就業上の配慮に関する主治医の具体的な意見を記入してもらうようにします。

　主治医による診断は、日常生活における病状の回復程度によって職場復帰の可能性を判断していることが多く、**必ずしも職場で求められる業務遂行能力まで回復しているとの判断とは限りません。**このため、**主治医の判断と職場で必要とされる業務遂行能力の内容等について、産業医等が精査した上で採るべき対応を判断し、意見を述べることが重要です。**

　なお、あらかじめ主治医に対して職場で必要とされる業務遂行能力に関する情報を提供し、労働者の状態が就業可能であるという回復レベルに達していることを主治医の意見として提出してもらうようにすると良いでしょう。

<第 3 ステップ> 職場復帰の可否の判断及び職場復帰支援プランの作成

　安全でスムーズな職場復帰を支援するため、最終的な決定の前段階として、必要な情報の収集と評価を行った上で職場復帰ができるかを適切に判断し、**職場復帰を支援するための具体的プラン（職場復帰支援プラン）を作成します。**この具体的プランの作成にあたっては、事業場内産業保健スタッフ等を中心に、管理監督者、休職中の労働者の間でよく連携しながら進めます。

> **ア　情報の収集と評価**
> 　職場復帰の可否については、必要な情報を収集し、さまざまな視点から評価を行い総合的に判断することが大切です。情報の収集と評価の内容は次のとおりです。
> **（ア）労働者の職場復帰に対する意思の確認**
> **（イ）産業医等による主治医からの意見収集**
> 　診断書の内容だけでは不十分な場合、産業医等は労働者の同意を得た上で、必要な内容について主治医からの情報や意見を収集します。（P22,様式例1）
> **（ウ）労働者の状態等の評価**
> 　治療状況及び病状の回復状況、業務遂行能力、今後の就業に関する労働者の考え、家族からの情報

（エ）職場環境等の評価

　業務及び職場との適合性、作業管理や作業環境管理に関する評価、職場側による支援準備状況

（オ）その他

　その他必要事項、治療に関する問題点、本人の行動特性、家族の支援状況や、職場復帰の阻害要因等

収集した情報の評価をもとに……

イ　職場復帰の可否についての判断

　職場復帰が可能か、事業場内産業保健スタッフ等が中心となって判断を行います。

職場復帰が可能と判断された場合……

ウ　職場復帰支援プランの作成

　以下の項目について検討し、職場復帰支援プランを作成します。

（ア）職場復帰日

（イ）管理監督者による就業上の配慮

　業務サポートの内容や方法、業務内容や業務量の変更、段階的な就業上の配慮、治療上必要な配慮など

（ウ）人事労務管理上の対応等

　配置転換や異動の必要性、勤務制度変更の可否及び必要性

（エ）産業医等による医学的見地からみた意見

　安全配慮義務に関する助言、職場復帰支援に関する意見

（オ）フォローアップ

　管理監督者や産業保健スタッフ等によるフォローアップの方法、就業制限等の見直しを行うタイミング、全ての就業上の配慮や医学的観察が不要となる時期についての見通し

（カ）その他

　労働者が自ら責任を持って行うべき事項、試し出勤制度の利用、事業場外資源の利用

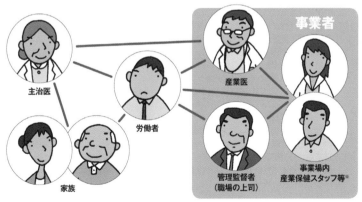

主治医

家族

労働者

産業医

管理監督者（職場の上司）

事業場内産業保健スタッフ等※

事業者

※衛生管理者等、事業所内の保健師等及び心の健康づくり専門スタッフ、人事労務管理スタッフ等

<第4ステップ> 最終的な職場復帰の決定

第3ステップを踏まえて、**事業者による最終的な職場復帰の決定**を行います。

> ア　労働者の状態の最終確認
> 　　疾患の再燃・再発の有無等について最終的な確認を行います。
> イ　就業上の配慮等に関する意見書の作成
> 　　産業医等は「職場復帰に関する意見書」等を作成します。(P23,様式例3)
> ウ　事業者による最終的な職場復帰の決定
> 　　事業者は最終的な職場復帰の決定を行い、就業上の配慮の内容についても併せて労働者に対して通知します。
> エ　その他
> 　　職場復帰についての事業場の対応や就業上の配慮の内容等が労働者を通じて主治医に的確に伝わるようにします。(P23,様式例4)

<第5ステップ> 職場復帰後のフォローアップ

職場復帰後は、管理監督者による観察と支援のほか、事業場内産業保健スタッフ等によるフォローアップを実施し、適宜、職場復帰支援プランの評価や見直しを行います。

> ア　疾患の再燃・再発、新しい問題の発生等の有無の確認
> 　　疾患の再燃・再発についての、早期の気づきと迅速な対応が不可欠です。
> イ　勤務状況及び業務遂行能力の評価
> 　　労働者の意見だけでなく、管理監督者からの意見も合わせて客観的な評価を行います。
> ウ　職場復帰支援プランの実施状況の確認
> 　　職場復帰支援プランが計画通りに実施されているかを確認します。
> エ　治療状況の確認
> 　　通院状況、病状や今後の見通しについての主治医の意見を労働者から聞きます。
> オ　職場復帰支援プランの評価と見直し
> 　　さまざまな視点から評価を行い、問題が生じている場合は、関係者間で連携しながら、職場復帰支援プランの内容の変更を検討します。
> カ　職場環境等の改善等
> 　　職場復帰する労働者がよりストレスを感じることの少ない職場づくりをめざして、作業環境・方法や、労働時間・人事労務管理など、職場環境等の評価と改善を検討します。
> キ　管理監督者、同僚等の配慮
> 　　職場復帰をする労働者を受け入れる職場の管理監督者や同僚等に、過度の負担がかかることのないよう配慮します。

出典：厚生労働省「心の健康問題により休業した労働者の職場復帰支援の手引き
～メンタルヘルス対策における職場復帰支援～」

4 出産と仕事の両立

（事例検討）

> Ｅさん（39歳、女性）は、結婚して5年目で念願の子供を授かりました。妊娠2か月の時に、Ｆ係長（42歳、男性）に妊娠していることを報告したところ、ため息をつかれてしまい、「お願いしたい仕事があったんだけど、復帰はいつになりそう？」と言われました。Ｅさんは、お祝いの言葉をもらえると思っていただけにショックを受けました。その後も業務を続けていますが、つわりがひどくて困っています。Ｆ係長に相談しましたが、「あっ、そう！」とそっけなくあしらわれました。Ｆ係長は、Ｅさんにどのような対応を取ればよかったでしょうか。

（「健康モデル」の視点）

　妊婦に対して配慮をする必要があります。出産予定日や産休予定時期を聞いておきましょう。今回のケースでは、「つわりがひどい」ということなので、Ｅさんに体調について主治医と相談してもらった後、その状況を聞き、適宜、必要な配慮をしなければなりません。今回のケースは、高齢出産で初産であることから非常に不安が大きいと推察されます。つわりによる体の不調で心のバランスを崩すことも考えられますので、本人との対話が不可欠です。

　男女雇用機会均等法における母性健康管理の措置として、妊産婦のための保健指導や健康診査を受診するために必要な時間を確保することが定められています。また、妊娠中の女性労働者が、健康診査などを受け、医師などから指導を受けた場合は、事業主は勤務時間の変更や勤務の軽減など必要な措置を取らなければなりません。事業主が母性健康管理を適切に行うためのものとして「母性健康管理指導事項連絡カード」があります。これは、医師が行った指導内容を、会社に適切に伝えるものです。企業でこのカードのことを知らない方も多いですが、この機会に知っておいてくだ

母性健康管理指導事項連絡カード

年　　月　　日

事業主　殿

医療機関等名 -------------------------------

医師等氏名 -------------------------------

下記の1の者は、健康診査及び保健指導の結果、下記2～4の措置を講ずることが必要であると認めます。

記

1. 氏名　等

氏名		妊娠週数		週	分娩予定日		年	月	日

2. 指導事項

症状等（該当する症状等を○で囲んでください。）

措置が必要となる症状等
つわり、妊娠悪阻、貧血、めまい・立ちくらみ、
腹部緊満感、子宮収縮、腹痛、性器出血、
腰痛、痔、静脈瘤、浮腫、手や手首の痛み、
頻尿、排尿時痛、残尿感、全身倦怠感、動悸、
頭痛、血圧の上昇、蛋白尿、妊娠糖尿病、
赤ちゃん（胎児）が週数に比べ小さい、
多胎妊娠（　　　　胎）、産後体調が悪い、
妊娠中・産後の不安・不眠・落ち着かないなど、
合併症等（　　　　　　　　　　　　　　　）

指導事項（該当する指導事項欄に○を付けてください。）

	標準措置	指導事項
休業	入院加療	
	自宅療養	
勤務時間の短縮		
作業の制限	身体的負担の大きい作業(注)	
	長時間の立作業	
	同一姿勢を強制される作業	
	腰に負担のかかる作業	
	寒い場所での作業	
	長時間作業場を離れることのできない作業	
	ストレス・緊張を多く感じる作業	

(注)　「身体的負担の大きい作業」のうち、特定の作業について制限の必要がある場合には、指導事項欄に○を付けた上で、具体的な作業を○で囲んでください。

標準措置に関する具体的内容、標準措置以外の必要な措置等の特記事項

3. 上記2の措置が必要な期間

（当面の予定期間に○を付けてください。）

1週間（　　月　　日～　　月　　日）	
2週間（　　月　　日～　　月　　日）	
4週間（　　月　　日～　　月　　日）	
その他（　　月　　日～　　月　　日）	

4. その他の指導事項

（措置が必要である場合は○を付けてください。）

妊娠中の通勤緩和の措置（在宅勤務を含む。）	
妊娠中の休憩に関する措置	

指導事項を守るための措置申請書

年　　月　　日

上記のとおり、医師等の指導事項に基づく措置を申請します。

所属 -------------------------------

氏名 -------------------------------

事業主　殿

1

この様式の「母性健康管理指導事項連絡カード」の欄には医師等が、また、「指導事項を守るための措置申請書」の欄には女性労働者が記入してください。

（参考）症状等に対して考えられる措置の例

症状名等	措置の例
つわり、妊娠悪阻	休業（入院加療）、勤務時間の短縮、身体的負担の大きい作業（長時間作業場を離れることのできない作業）の制限、においがきつい・換気が悪い・高温多湿などのつわり症状を増悪させる環境における作業の制限、通勤緩和、休憩の配慮　など
貧血、めまい・立ちくらみ	勤務時間の短縮、身体的負担の大きい作業（高所や不安定な足場での作業）の制限、ストレス・緊張を多く感じる作業の制限、通勤緩和、休憩の配慮　など
腹部緊満感、子宮収縮	休業（入院加療・自宅療養）、勤務時間の短縮、身体的負担の大きい作業（長時間の立作業、同一姿勢を強制される作業、長時間作業場所を離れることのできない作業）の制限、通勤緩和、休憩の配慮　など
腹痛	休業（入院加療）、疾患名に応じた主治医等からの具体的な措置　など
性器出血	休業（入院加療）、疾患名に応じた主治医等からの具体的な措置　など
腰痛	休業（自宅療養）、身体的に負担の大きい作業（長時間の立作業、同一姿勢を強制される作業、腰に負担のかかる作業）の制限　など
痔	身体的負担の大きい作業（長時間の立作業、同一姿勢を強制される作業）の制限、休憩の配慮　など
静脈瘤	勤務時間の短縮、身体的負担の大きい作業（長時間の立作業、同一姿勢を強制される作業）の制限、休憩の配慮　など
浮腫	勤務時間の短縮、身体的負担の大きい作業（長時間の立作業、同一姿勢を強制される作業）の制限、休憩の配慮　など
手や手首の痛み	身体的負担の大きい作業（同一姿勢を強制される作業）の制限、休憩の配慮　など
頻尿、排尿時痛、残尿感	休業（入院加療・自宅療養）、身体的負担の大きい作業（寒い場所での作業、長時間作業場を離れることのできない作業）の制限、休憩の配慮　など
全身倦怠感	休業（入院加療・自宅療養）、勤務時間の短縮、身体的負担の大きい作業の制限、休憩の配慮、疾患名に応じた主治医等からの具体的な措置　など
動悸	休業（入院加療・自宅療養）、身体的負担の大きい作業の制限、疾患名に応じた主治医等からの具体的な措置　など
頭痛	休業（入院加療・自宅療養）、身体的負担の大きい作業の制限、疾患名に応じた主治医等からの具体的な措置　など
血圧の上昇	休業（入院加療・自宅療養）、勤務時間の短縮、身体的負担の大きい作業の制限、ストレス・緊張を多く感じる作業の制限、疾患名に応じた主治医等からの具体的な措置　など
蛋白尿	休業（入院加療・自宅療養）、勤務時間の短縮、身体的負担の大きい作業の制限、ストレス・緊張を多く感じる作業の制限　など
妊娠糖尿病	休業（入院加療・自宅療養）、疾患名に応じた主治医等からの具体的な措置（インスリン治療中等への配慮）　など
赤ちゃん（胎児）が週数に比べ小さい	休業（入院加療・自宅療養）、勤務時間の短縮、身体的負担の大きい作業の制限、ストレス・緊張を多く感じる作業の制限、通勤緩和、休憩の配慮　など
多胎妊娠（　　　胎）	休業（入院加療・自宅療養）、勤務時間の短縮、身体的負担の大きい作業の制限、ストレス・緊張を多く感じる作業の制限、通勤緩和、休憩の配慮　など
産後体調が悪い	休業（自宅療養）、勤務時間の短縮、身体的負担の大きい作業の制限、ストレス・緊張を多く感じる作業の制限、通勤緩和、休憩の配慮　など
妊娠中・産後の不安・不眠・落ち着かないなど	休業（入院加療・自宅療養）、勤務時間の短縮、ストレス・緊張を多く感じる作業の制限、通勤緩和、休憩の配慮　など
合併症等（自由記載）	疾患名に応じた主治医等からの具体的な措置、もしくは上記の症状名等から参照できる措置　など

出典：厚生労働省「母性健康管理指導事項連絡カード」

さい。

（「心理モデル」の視点）
　Eさんから妊娠の報告を聞いた時、F係長は、「お願いしたい仕事があったんだけど、復帰はいつになりそう？」と業務の心配をしています。一方、Eさんは、「おめでとう！」という祝福の気持ちを期待していると思われます。上司と部下の間に解釈の違いが生まれているケースです。F係長が自身の役割として業務を滞りなく回していくことを考えるのはやむを得ないのですが、部下のEさんの視点に立ってみてその発言はどうなのか、と想像力を働かせる必要があります。表現の方法を工夫してみると良いでしょう。「つわりがひどくて困っているんです」と言われた時に、「つわりがひどく困っているんですね」と目を見ながらお話するなど、少し工夫するだけでも相手が受ける心象は変わります。部下のことを知りたいと思う気持ちが大切です。

（「環境モデル」の視点）
　先ほど「健康モデル」の視点にて男女雇用機会均等法における母性健康管理の措置について書きましたが、母性保護に関しては他にも労働基準法における母性保護規定というものがあります。妊娠中の女性が請求した場合には、他の軽易な業務に転換させたり、変形労働時間制がとられている場合でも、適用制限をしたり、時間外労働、休日労働、深夜業を制限する措置を取ることができます。有害な業務に就かせることもできません。
　母性健康管理や母性の保護は確実に行い、配慮しながらも、対話を心掛けながらできる業務についてはきちんと指示を出します。腫物に触るように気を遣われすぎても本人の居場所はなくなってしまいます。

（その他のポイント）
　妊婦の初期には、心身ともにストレスが高くなる傾向があると言われています。配慮すべきところには気を配り、話し合いの機会を持ちつつ業務を行ってもらいます。

　また、マタニティハラスメントにならないよう、部下への言葉の使い方に気をつけましょう。業務上必要な言動はハラスメントにはなりませんが、部下の意を汲まない一方的な通告はハラスメントになる可能性があります。マタハラは、職場において行われる上司・同僚からの言動（妊娠・出産したこと、育児休業などの利用に関する言動）により、妊娠・出産した女性労働者、育児休業などを申出・取得した男女労働者などの就業環境が害されることです。制度や措置の利用に関する言動により就業環境が害される「制度などの利用への嫌がらせ型」や妊娠や出産したことなどに関する言動により就業が害される「状態への嫌がらせ型」の2種類があります。上司自らが、制度の情報提供を行ったり、制度の活用を促進することが望ましいでしょう。

5　育児と仕事の両立

（事例検討）

> 　Gさん（29歳、女性）は、9か月前に第1子を産み、育児休業を取得しました。育児休業時には、時折、上司であるH主任（35歳、女性）とメール、電話などで連絡をとっていました。その時は、「育児復帰後の仕事について不安はあるけど、仕事を頑張っていきたい」と伝えていました。そして4月からお子さんを保育園に入れることができ、職場復帰が叶いました。ところが、保育園から呼び出されることもしばしばあり、「このまま、仕事をしていていいのかなぁ。子供は夜泣きもするし、熱を出すし、他のメンバーには迷惑をかけるし…」とH主任に困り果てた様子で相談してきました。このような場合、H主任は、Gさんにどのように対応したらよいのでしょうか。

（「健康モデル」の視点）

　日中働き、家に帰ってからはお子さんの夜泣きでなかなか休めないという生活をしていると、お母さんは寝不足になりがちです。「睡眠負債」と

いう言葉を聞いたことがあるでしょうか。睡眠不足の蓄積が心身に悪影響を与えてしまうことを言います。自律神経の乱れにより、イライラや疲労感といった症状が出ます。睡眠不足の状態が長く続くと、精神的な不調や判断力の低下に繋がります。また、日中働いている時に眠気が続くと、ミスや事故に繋がります。以前、通勤時に居眠り運転をして、事故を起こしてしまった方がいました。その時は、幸いにも小さな物損事故でしたが、少しでも状況が違えば大怪我をしていたかもしれませんし、誰かを傷つけてしまっていた可能性もあります。会社に健康管理室などがある場合は、保健師などに睡眠教育を行ってもらいましょう。

（「心理モデル」の視点）

　Gさんと H 主任は、育休中も育休復帰後もコミュニケーションを取っていることがわかります。様々なことについて本音でお話ができているのは良いことです。Gさんは、子供が熱を出した時早退したり休んだりすることで職場のメンバーに迷惑をかけており申し訳ないと思っています。

　Gさんの状況は次のように整理できます。

出来事	子供が熱を出して保育園から電話がかかってきて会社を早退する
思考	職場のメンバーに対して申し訳ない
気分	罪悪感
行動	自分を責める
身体反応	眠れない
上司に求められる声掛け	「子供が熱を出した時保育園から電話がかかってきて会社を早退することに罪悪感を覚えているようだけど、仕方ないよ。今後の仕事で取り返していこうね。よろしく頼むよ」

（「環境モデル」の視点）

　育休復帰後 1 か月目で、お子さんも保育園に慣れていない状況であれば熱を出すこともよくあるでしょう。しばらくはお子さんの様子を見ながらGさんと話し合いを続け、有休などを使いつつ柔軟に対応します。また、どうしてもフルタイムでの勤務が難しいようであれば、3 歳までは短時間

勤務制度がありますので、それを活用しましょう。

（その他のポイント）

　Gさんは、仕事や育児をとても頑張っています。しかし一人で抱え込みすぎる必要はありません。育児を手伝ってくれる夫、両親、友達、もしくはいざという時の預け先を探しておくと良いでしょう。保育園以外の預け先としては次のようなところがあります。

・ファミリー・サポート・センター…子育てを地域で相互援助する組織で、育児の援助を受けたい人と援助を行う人をマッチングしてくれます。一時的な保育などに適したサービスで、援助を行う人に保育士などの資格は必須ではありません。

・病児保育室…病気の子供を一時的に預かって保育してくれます。保育士や看護師などの専門スタッフがおり、保育所や小児科医に併設されているところが多いです。

・ショートステイ…宿泊型一時保育です。施設などで一定期間子供のお世話をお願いできます。

・トワイライトステイ…夜間の一時保育です。夕方以降に預かってもらえます。

・ベビーシッター…ベビーシッターは保育士とは別物で、法律での規制や国家資格はなく、サービスの質は事業者により異なります。

・ベビーホテル…子供の宿泊や夜間保育、一時預かりなど多様なサービスを提供しています。

　以上の預け先の活用にあたって登録が必要であることも多々あります。事前に最寄りの預け先について調べ情報を得ておきましょう。

6　パートタイマーの活用

（事例検討）

> パートタイマーのＩさん（女性、40歳）は、１週間のうち５日、９時から15時まで（休憩１時間）の５時間働いています。彼女には、長女（12歳）と長男（8歳）の２人のお子さんがいます。２人のお子さんはダンスが好きでスクールにも通っています。夫はサラリーマンで仕事が忙しく全国を飛び回っているので、育児のあてにはできません。これまでずっと子育てはワンオペでやってきました。事務職としてＩさんはとても優秀で仕事ができる方なので、上司のＪ係長（35歳、女性）は、もっと勤務時間を延ばしてもらいたいと思っています。会社の規模は、約30名です。Ｊ係長はＩさんにどのように対応すればよいでしょうか。

（「健康モデル」の視点）

　健康に関する内容がないので、今回この視点は特に必要ありません。この事例検討には書かれておりませんが、子育てと仕事を両立している方の場合、時間に追われ睡眠不足に陥りがちです。いつもと比べて何か違和感を覚えた時は、「最近、よく眠れていますか？」「気持ちよく朝起きることができますか？」などの声掛けをしましょう。

（「心理モデル」の視点）

　Ｊ係長は、Ｉさんと個別の面談を行いましょう。将来のキャリアをどう考えているのか、仕事と家庭の両立をどうするのかなどを中心に話します。Ｉさんは、ワンオペで育児を行っていることから、夫や子供との話し合いも必要でしょう。ワーク・ライフ・バランスに重きを置いている女性のパートタイマーは自分のキャリアを考える時、短期的な視点になりがちです。中期的な視点の質問をして将来のビジョンをイメージしやすくしたり、ライフプラン充実シートを活用することも有効です。また、子供を育てるの

は大変なことですが、子供が思春期を過ぎ独立していくと「空の巣症候群」に陥る方もいらっしゃいます。「空の巣症候群」とは、子供の自立により、自分の役割がなくなったという喪失感が強まる状態を言い、40代、50代の女性に多くなっています。

（ライフプラン充実シート記入例）
①ご本人と家族の年齢を記入します。
②ご本人の年齢ごとに「お仕事」「学習」「その他」「趣味・余暇」の希望を書きます。
③家族のライフイベントについて書きます。
④経済の「収入（年）」「支出（年）」「貯蓄（累計）」の欄にライフイベントを見ながら予想額を記入します。
⑤「私と家族の夢」と「5年後の私」が何を求めているのかを書きます。

（「環境モデル」の視点）
　J係長に、Iさんの勤務時間を延ばすことができる権限があればよいですが、ない場合は上申します。また、パートタイマーからの正社員登用制度などがないか就業規則などを確認しましょう。

（その他のポイント）
　子育てが一段落した後もパータイマーで働いている方のなかには、住宅ローンや子供の教育費のために働いている人も多いでしょう。特に、高校卒業からの大学生活にかかる教育費が一番負担となります。貯蓄や子供の習い事のためなどの理由で仕事に従事している方も多くいらっしゃいます。そのため、子供が小学校高学年や中学生になったタイミングで、以前はパートタイマーを選択していた方もフルタイムを希望されるケースがあります。
　また、いわゆる「103万の壁」「130万の壁」を意識し、夫の扶養の範囲内で働きたいという思いでパートタイマーを選択されている方も多くいます。このテーマで講演すると、自分の働き方をどうしようか迷っている

ライフプラン表案シート（サンプル）
<ライフイベント表> （現在～5年後）

	暦年	2024	2025	2026	2027	2028
年齢	本人	40	41	42	43	44
	夫	42	43	44	45	46
	長女	12	13	14	15	16
	長男	8	9	10	11	12
<本人> ラ	お仕事	事務職（パートタイマー）	事務職（パートタイマー）	事務職（パートタイマー）	事務職（正社員）	事務職（正社員）
イ	学習	簿記の勉強	簿記の勉強	簿記2級の資格取得		
ウ	その他					自宅のリフォーム
イ	趣味・余暇					
<家族> ン	夫	課長、全国を飛び回っている	昇進？			
ト	長女	ダンスを習っている	小学校卒業、中学校入学		中学校卒業・高校入学	
	長男	ダンスを習っている				小学校卒業
経済	収入（年）	700万円	750万円	800万円	850万円	850万円
	支出（年）	600万円	650万円	650万円	750万円	1000万円
	貯蓄（累計）	300万円（2023年までの貯蓄200万円 +2024年100万円）	400万円	550万円	650万円	500万円

私と家族の夢

・家庭と仕事のバランスを保ちながら、仕事、学習、趣味などとを充実した人生を送りたいと考えている。

5年後の私

・4～5年後には正社員で働きたい。
・5年後に自宅のリフォームをしたい。

出典：筆者作成

方からとても高い関心が寄せられます。

　「103万の壁」とは、パートやアルバイトで働いている女性の年収が103万円以内であれば、女性自身は所得税を支払わなくて済むという仕組みを壁と表現したものです。会社によっては、103万以内の扶養範囲内の金額であれば、配偶者手当や家族手当などの手当を支給することがありますが、103万を超えて働くとこの手当が支給されないために、103万円以内で働きたいと思っている方もいます。

　また「130万の壁」とは、年収130万以内であれば扶養の範囲となって配偶者の健康保険に入ることができ、かつ年金も第3号被保険者となり国民年金の保険料の納付が不要となる、という仕組みを表した言葉です。130万を超えると、扶養から外れ、自分で健康保険や年金に加入する必要も出てくるため、扶養に入っていた方がお得であると一般には認識されています。また、2023年10月から「年収の壁・支援強化パッケージ」が導入され、130万を超えて働いても手取りが減らないようにする施策が期間限定で実施されています。こちらもご確認ください。

7　介護と仕事の両立

（事例検討）

> 　Kさん（女性、45歳）は、職場で仕事のできる主任と評判でしたが、最近、仕事のミスが増えており、全体的に覇気がない様子です。そこで、L課長（40歳、女性）は、Kさんに「最近、ミスが増えていて調子も悪そうなので、少しお話しませんか？」と声掛けをし、面談で近況を聞くことになりました。同居している母が度々物忘れをし、そのことを指摘する度に喧嘩になっているそうです。Kさんは母が認知症ではないかと疑っています。Kさんは離婚してから母と二人暮らしで、親戚はいますが遠方のためあてにすることができません。Kさんは心労が重なり夜も眠れない日々が続いていて、今後が不安だとのことでした。L課長は、Kさんにどのように対応すれば良いのでしょうか。

（「健康モデル」の視点）

　Ｋさんの仕事のミスの増加、覇気がない状況に気づいてＬ課長が声掛けをしたことは、とても良い配慮だと思います。部下の様子に関心をもっていたからこそ、変化に気づけたのでしょう。Ｋさんは不眠であるとのことなので、本人と話し合いの上、必要であれば社内の健康管理室や産業医に繋ぎます。

（「心理モデル」の視点）

　Ｌ課長がＫさんの異変に気づき、話し合いの機会を持ったことは、今後のサポートに繋がるとても効果的な行動です。面談では、相手の気持ちを受け止めた上で、その話にしっかりと耳を傾け、現在の状況や、困っていること、何かサポートできることはないかどうかなどについて聴きましょう。どうしてもアドバイスや助言をしたくなるものですが、まず相手の気持ちを受け止めることから始めます。

（「環境モデル」の視点）

　介護休業は、対象家族１名につき３回まで、通算で93日まで休業できます。介護休暇は介護や通院の付き添い、介護サービスの手続き、ケアマネージャーとの打ち合わせなどを行うために、年５日（対象家族が２名以上の場合は年10日）まで、１日または時間単位で取得することができます。また、短時間勤務などの措置、所定外労働の制限なども活用できます。社内で使える介護休業制度について就業規則などを確認したうえで、Ｋさんに情報提供します。もしくは、人事・総務の担当者に繋ぎ説明をしてもらいます。

（その他のポイント）

　認知症の初期には、本人も何となく異変に気づきながらも、自分でできないことが多くなるために悲しくなったり、イライラしたりするものです。Ｋさんは、お母様を心配するあまりについ喧嘩になってしまうのでしょう。

認知症は、記憶障害や判断力の低下などを伴うことが多く、今まで通りには生活できなくなります。それを周囲が理解することが大切です。特に認知症にはいくつもの種類があり、症状も違います。次の表を参考にしてください。

認知症の種類

種類	初期症状	特徴	家族の対応法
アルツハイマー型認知症	もの忘れ	見当識障害（時間や場所などの感覚が薄れ、社会生活や日常生活に支障をきたすこと）や記憶障害がゆっくりと進行する。	叱ったりせず、否定されることで生まれる不安や興奮をなくすような接し方を試みる。今までできていたことができない時は手順を1つずつ丁寧に説明する。日時を認識しやすいように大きなカレンダーを見える場所に置くなど環境を調整する。
血管性認知症	もの忘れ	感情をコントロールできない。手足のしびれがある。脳梗塞などを契機として認知機能が段階的に低下する。	服薬管理を行う。脳の障害部位によって、できなくなることに違いがある。できることをしてもらうよう働きかける。
レビー小体型認知症	幻視、妄想うつ症状	幻視、妄想、パーキンソン症状が出る。調子が良い時と悪い時を繰り返す。	室内環境を整える。幻視は本人にとって現実のものとして映っているので、そのことを理解し、受け入れ、否定しない。
前頭側頭型認知症	身だしなみの乱れ、同じ言動や行動を繰り返す	人格が変わる。気力がなくなる。ゆっくりと症状が進行する。	本人の言うことを否定するとかえって症状を増幅させる場合もあるため刺激の少ない環境づくりを心掛ける。同じ行動をする習慣がある場合は、日課を作る。

　認知症の初期には、本人が自分の症状に違和感を覚え、心理的な防衛反応から症状を否認することがあります。じっくりと向き合うことが大切です。

　また、1人で抱え込まないよう、利用できる社会的な資源を伝えることも有効です。今回のケースで、地域包括支援センターや自治体の介護に関

する相談窓口にまだ相談していないのであれば、その情報を提供します。地域包括支援センターとは、介護保険法に基づき設置されている、地域包括ケアシステムの中核施設です。総合相談・支援、虐待の早期発見などの権利擁護、包括的・継続ケアマネジメント支援、介護予防マネジメント、地域ケア会議の運営などを行っています。

8 定年後の高齢者の部下

（事例検討）

> Mさん（男性、60歳）は定年を迎え、継続雇用で引き続き営業の仕事をしています。新しい雇用契約により、1週間のうち4日出勤で1日あたり7時間という形で勤務しています。給料は時給となり、定年前の60％まで下がりました。定年前は部長としてマネジメントをしていました。定年後は、自分の部下であったN部長（男性、43歳）から「後進の育成をしてほしい。マネジメント職ではないので、そんなに負荷はかかりません」と言われましたが、現状は人手不足で実際の仕事の負担は以前と変わらない状態です。Mさんは、N部長に「仕事の責任は同じなのに給料は激減してやってられないよ」と不満を漏らしていました。N部長は、Mさんにどのような対応を取ればよいでしょうか。

（「健康モデル」の視点）

　「人生100年時代」と言われ、定年後の60歳と言っても若々しい方が多いです。しかしながら、高年齢労働者に対しては、転倒防止、腰痛予防、交通事故防止、熱中症予防、持病に対する配慮などが必要になります。特に今回のような営業の場合、車を運転したり、外に出る機会があるので、夏場は熱中症に気をつけましょう。高齢になると体の水分が不足しがちで熱中症に気づきにくくなります。早めの水分補給を勧めるなど、必要な情

報を提供しましょう。

（「心理モデル」の視点）

　現在企業で働く 40 代の方々は、かつて就職氷河期に新卒で就職活動をしていたことから「就職氷河期世代」と呼ばれますが、当時の企業の採用人数は非常に少なかったため、現役で活躍する 40 代の役職者の人数は他の年齢層より少なく、企業は人材が不足している状況にあります。そのため、不足気味の中堅層の穴埋めをする、過去にマネジャーをしていたシニア層への負担が重くなる傾向にあります。定年後の M さんは気楽に働こうと思っていたのに、実際には責任のある仕事をしなければいけないというギャップが生まれます。そこで M さんの気持ちにも配慮しながら、ギャップを埋めるマネジメントをします。また、N 部長は、以前に上司であった M さんに指示を出していますが、その際にはしっかり敬意を払いましょう。

（「環境モデル」の視点）

　M さんは、N 部長に「仕事の責任は同じなのに給料は激減してやってられないよ」と不満を漏らしています。現在の仕事内容を職務分掌や業務分掌などの規程で確認し、今後はその決まった分の業務のみをやってもらうようにします。M さんの意向に沿いつつ、決められた職務は責任を持ってやってもらうようお願いしましょう。

（その他のポイント）

　給料に加え、雇用保険の高年齢雇用継続給付と特別支給の老齢厚生年金などの 65 歳になるまでの老齢年金を併給されているケースが多くあります。

　また、同一労働同一賃金の原則として、雇用形態に関わらず、職場で同一の仕事をしていれば、同一の賃金を支給するという考え方がありますので、仕事は変わったはずなのに実態として前と同じ仕事をしているのなら、以前と同じ賃金を支払わなければならない場合があります。注意しましょう。

（事例検討）

> 理系大学出身のOさん（男性、24歳）は、プログラミングの仕事に従事しています。大学の時に地元を離れて1人暮らしを始め、実家には父、母、妹がいます。大学卒業後、2年間はリーダーのPさん（男性、28歳）が、親身に指導してくれたり、面倒を見てくれていました。ところが、Pさんが先月異動になって以降、一気にミスが目立つようになりました。先日も、取引先に行く時に、提案書を電車の網棚に忘れてしまったり、時間を間違ってしまったりとミスを連発し、どうにも注意散漫です。Q課長（男性、38歳）は、Oさん、Pさんの直属の上司です。このような場合、Q課長は、Oさんに対してどのような対応を取ればよいでしょうか。

（「健康モデル」の視点）

　発達障害には、不注意・多動性・衝動性などを主症状とするADHD（注意欠如・多動性障害）、社会性の欠如・コミュニケーションの障害などを主症状とするASD（自閉症スペクトラム）、読み・書き・計算・推論などに困難が生じるLD（学習障害）といった種類があり、現れ方は人により異なります。発達障害において、どこまでが健常者でどこからが発達障害にあたるのかという明確な線引きはなく、発達障害やグレーゾーンについては、医師だけが診断できます。そのため、基本的には、本人が受診を希望した時に、社内の健康管理室や産業医に繋ぎましょう。状況によって、産業医が専門医を紹介してくれたり、メンタルクリニックなどへの受診を提案されることもあります。

（「心理モデル」の視点）

　医師からの診断がない限り、相手に発達障害についてのレッテルを貼ってはいけません。Oさんは心の拠り所にしていたPさんが異動になり、不

安を感じています。じっくりと相手の話を傾聴したうえで、「何に困っているのか？」をヒアリングします。

（「環境モデル」の視点）

　「何に困っているのか？」をヒアリング後、改善案を一緒に考えます。例えば、「物を置き忘れたり、なくす」ような場合は、バックは大きなもの一つにする、大事なものはチェーンで繋ぐ、忘れたことを振り返る方法を考え、実行するなどです。ミスが多い場合は、作成した資料をダブルチェックしたり、周囲の音が気になるようであれば、耳栓をするなどの対応が考えられます。スマホのメモ機能やスケジュール管理などのツールも有効です。

（その他のポイント）

　発達障害の診断がなくても相談可能な機関は次の通りです。情報提供する時に役に立ちますので、ご確認ください。
・発達障害者支援センター…発達障害児（者）への支援を総合的に行うことを目的とした専門的機関です。
・精神保健福祉センター…精神保健法に定められた精神保健福祉に関する技術的な中核機関となっています。
・障害者就業・生活支援センター…障害者の職業生活における自立を図るため、雇用、保健、福祉、教育などの関係機関と連携し、障害者の身近な地域において就業面及び生活面を一体的に支援することで、障害者の雇用の促進及び安定を図ることを目的としています。
・地域障害者職業センター…障害者に対する専門的な職業リハビリテーションサービス、事業主に対する障害者の雇用管理に関する相談・援助、地域の関係機関に対する助言・援助を行います。

10　長時間労働で過労気味な部下

（事例検討）

> 一人暮らしのＥさん（30歳、男性）は、1か月前に生産管理課から経理課に配属されました。今まで経験したことのない部署なので、一生懸命に仕事に取り組んでいましたが、経理の業務の要領がつかめないまま決算期に入りました。はじめての決算の作業は想像以上に大変で毎日3〜4時間ほどの残業が続き、今月の残業時間は70時間でした。Ｅさんは、「自分の作業が遅いから仕方がないな」と自身を不甲斐なく感じていました。その様子を気にした主任のＦさん（38歳、男性）がＥさんに「残業が続いているようだけれど、大丈夫か？」と声を掛けるとＥさんは「私の仕事が遅いだけなので、大丈夫です」と答えました。Ｆさんは、Ｅさんにどのように対応すればよいのか迷っています。どうしたら良いのでしょうか。

（「健康モデル」の視点）

　Ｅさんは、1か月前から経理課に配属されています。仕事の内容、職場の人間関係などの環境の変化がある時、ストレスは溜まりやすくなります。また、Ｅさんの場合、1か月あたりの残業時間は70時間とかなり多くなっています。一般的に「過労死ライン」と呼ばれる長時間労働の判定基準は、「健康障害の発症前の2か月から6か月で1か月あたりの平均時間外労働時間が80時間を超えていた」あるいは、「健康障害の発症前の1か月間に100時間の時間外労働があった」ことであると示されています。これ以上、残業をさせない取り組みが安全配慮義務の視点からも大切です。

（「心理モデル」の視点）

　Ｅさんは、経理課に配属して間もない状況で、何とか自分の責務を果たそうと真摯に仕事に取り組まれています。Ｆさんはｅさんを心配して「残業が続いているようだけれど、大丈夫か？」と声を掛けていますが、上司

から「大丈夫か？」と声掛けをされて、「もう無理です」とは言いにくいかもしれません。本音を聴けるよう、Ｅさんに対する声掛けを工夫してみてはどうでしょうか。例えば、「最近、遅くまで残業しているけれど、しっかりと眠れていますか？」「昼間眠そうだけど、睡眠時間は取れていますか？」「遅くまで残業しているけれど、晩御飯をきちんと食べていますか？」などの睡眠や食事に関する質問をすると案外答えてくれます。まだ配属されて１か月なので、対話を重ねながら徐々にお互いの信頼関係を高めていきましょう。

（「環境モデル」の視点）

　Ｅさんの残業時間がなぜ多いのか、原因を分析します。現在の彼にとって業務量が多いようであれば、業務の見直しをしたり、Ｅさんが業務に慣れるまでは他のメンバーに手伝ってもらうといった対応をとりましょう。また、Ｅさんが過労で倒れてしまってはいけませんので、疲れが溜まっていそうであれば、休息をとる必要性を伝え、有給休暇の活用なども提案してみます。

（その他のポイント）

　Ｅさんのように一人暮らしをしていて責任感の強い人の場合、自分だけで問題を抱え込むケースが多いです。一人で抱え込まずに、周囲の人々から得られるサポートがあることを伝えるとよいでしょう。このことを「ソーシャルサポート」と言い、次の４種類があります。

・情緒的サポート…話を聴いてくれる、励ましてくれるなど心の支えになってくれます。

・道具的サポート…作業への協力や効率化など実際にサービスを提供してくれます。

・情報的サポート…問題解決に役立つ情報やアドバイスをもらえます。

・評価的サポート…フィードバックや褒めるなどといった形で仕事を適切に評価してもらえます。

　周囲にソーシャルサポートがあると、ストレスが軽減されると言われています。上司のＦさん自身がＥさんのソーシャルサポートになることを目指しましょう。

11　外国人の部下

（事例検討）

> ベトナム技能実習生のＵさん（24歳、男性）は製造業務についています。日本にやってきて3か月が経ちましたが、当初から日本語での意思疎通は困難な様子です。製造のマニュアルを覚えるのに苦労し、人見知りの性格で自分からコミュニケーションをとることも苦手でした。その結果、大きなストレスを抱え、ふさぎ込んでしまうようになりました。また、コミュニケーション不足によるミスも多いです。主任のＶさん（35歳、男性）は、Ｕさんにどのような対応をとれば良いでしょうか。

（「健康モデル」の視点）

　Ｕさんはストレスを抱えてふさぎ込んでしまっています。Ｕさんと話をして様子を見ます。この状態が続くようなら、産業医もしくは医療機関へ繋ぐなどの対応が必要です。

（「心理モデル」の視点）

　日本にやってきて3か月であること、日本語での意思疎通が難しいこと、人見知りの性格上コミュニケーションを取るのが苦手であることなどから、環境の変化により現在多大な心理的不可がかかっている状態と思われます。Ｕさんの立場に立って話を聴き、まずは信頼関係を構築しましょう。

（「環境モデル」の視点）

　外国人の受け入れ時には人的なサポートが必要です。例えば、日常生活のサポートをする生活援助担当が、買い物や官公署の手続きの際に同行したり、職業指導担当が仕事のサポートをしたり、ほかにも語学の習得を支援する語学担当を決めるなど、仕事だけでなくプライベートでの不安も解消できるような体制が作れると良いでしょう。また、技能実習生の活動や

受け入れ企業をサポートする監理団体と連絡を取り合いながら対策を考えることも有効です。監理団体により技能実習生のフォロー体制は異なるため、監理団体を選ぶ時は、定期監査、訪問指導、相談対応などが充実しているところを選ぶと良いでしょう。

（その他のポイント）

　外国と日本で異なる職場のルールやマナーを教えます。特に、お金や時間に関する考え方や仕組みは違います。給料から社会保険料が天引きされる、集合時間の 10 分前に集合するなどの社内のルールを、事前にきちんと説明しておきましょう。

　次に、コミュニケーションの取り方の違いについても伝えます。言葉のみならず、身振り手振りも使って意思疎通を図ります。

　加えて、国民性・生活スタイル・言葉・文化・宗教の違いを知らなければいけません。例えばイスラム教の方には、礼拝の時間や断食の時期があり、食べられないものもあります。お互いの違いを知り、相手を尊重し、対応しましょう。

12 パワーハラスメントを受けた部下

（事例検討）

> 看護主任のYさん（35歳、女性）には、Zさん（30歳、女性）と
> Aさん（22歳、女性）という2人の部下がいます。この病院には、
> ある程度の経験を積んだナースが、新人のナースを一定期間マンツー
> マンで教育する制度があり、Yさんは、ZさんをAさんの育成係とし
> て任命しました。ZさんとAさんの関係性は上手くいっていると思っ
> ていたところ、YさんはAさんから「話したいことがありますので、
> 少しお時間いただけないでしょうか？」と言われました。面談の内容
> は、Aさんは自分なりに頑張っているつもりでいたが、ある日の朝、
> Zさんから「はぁ？　まだ、この仕事できていないの？　あなた、こ
> の仕事向いていないんじゃないの。よく看護師を続けてられるわね。
> 信じられないわ」と語気を荒げて言われた、ということでした。これ
> までにも似たことはあったようで、Aさんはずっと我慢してきました
> が、これ以上は我慢できないので、退職したいとのことです。Yさんは、
> Aさんにどのように対応したら良いでしょうか。

（「健康モデル」の視点）

　今のところ体調の不良などは訴えていないが、精神的にダメージを受け
ている可能性が高いので、しばらく健康面で問題がないかどうか、様子を
みます。

（「心理モデル」の視点）

　まずは、プライバシーが確保できる部屋を準備し、Aさんのプライバシー
を守ること、Aさんの了承なくYさんに話さないことなどを伝えます。A
さんの話をじっくり聴き、事実を確認します。そして、「今後どうしたい
のか？」について詳しく聴きます。「Aさんの退職の意思は変わらないの
か？」「Yさんに気持ちを聴いてもらうだけでよいのか？」「Zさんから他

の人に育成係を変えてほしいのか？」「今後Ｚさんに対してしかるべき措置をとってほしいのか？」などについて、共感を伝えながら確認します。ハラスメント対応で大切なことは、「事実」ではなく「気持ち」に寄り添いながら共感することです。今Ｙさんが聴いている事実はＡさんのフィルターがかかった事実で、Ｚさんに話を聴くまでは何が本来の事実なのかはわかりませんが、共感をしなければ、Ａさんが本音で語ってくれることはないからです。

（「環境モデル」の視点）
　労働施策総合推進法の改正により、職場における「パワーハラスメント」とは、職場において行われる優越的な関係を背景とした言動であって、業務上必要かつ相当な範囲を超えていて、労働者の就業環境を害するものと定義されており、2022年4月から全事業所においてパワハラ防止措置が事業主の義務となりました。就業規則やパワーハラスメント防止規程にて、社内外のハラスメント相談窓口や相談対応手順などを確認しましょう。

（その他のポイント）
　職場により、社内の相談窓口は異なりますが、一般的には次のようなものがあります。
・社内のパワーハラスメント専用の相談窓口や内部通報窓口
・社内のパワーハラスメント部門の人事労務担当
・社内のコンプライアンス担当、監査、人権、法務部門
・社内の診察機関、産業医、保健師、カウンセラー
・労働組合、もしくは労働者の過半数を代表する者
　社内の窓口からは、内部調査など社内のハラスメントの手続きを利用できます。ただ情報が漏れたり、相談窓口担当者が不適切な対応を取る危険性もあります。
　一方、外部の相談窓口には次のようなものがあります。
・企業が契約しているハラスメント対策のコンサル会社やEAP会社
・企業が契約している弁護士事務所や社労士事務所

企業がこのような外部相談窓口と提携していれば、いざ問題が起こった時に活用できます。企業内に情報が漏れないので、その点は安心できるでしょう。

　会社が契約しているサービスとは関係なく、活用できる外部の相談窓口もあります。

・厚生労働省総合労働相談コーナー…パワハラだけでなく、労働問題全般を対象としています。専門相談員が面談もしくは電話で応対してくれます。

・個別労働紛争のあっせんを行っている都道府県労働局・都道府県労働委員会・都道府県庁…労使間でトラブルが発生し、解決することが困難な場合、労働委員会が解決のサポートをしてくれます。また、個別労働紛争のあっせんを行っている都道府県庁労政主管課もあります。

・法テラス（日本司法支援センター）…悩みを整理して適切な窓口の案内や法的な手続きのアドバイスをしてくれます。国が設立した公的な機関であり、弁護士などの専門家に電話もしくは面談で相談することができます。

・法務省　みんなの人権110番…ハラスメントなどの人権問題についての相談を受けつけています。電話は、最寄りの法務局や地方法務局に繋がります。

　これらの外部機関を活用するメリットして、守秘義務が守られること、企業とは関係のない専門家に相談できることが挙げられます。

13 セクシュアルハラスメントを受けた部下

（事例検討）

> Bさん（25歳、女性）は、営業事務の仕事をしています。とても気配りのできる優しい性格で他者の担当業務も率先して引き受けてくれていました。ある時同じ営業第1課にCさん（35歳、男性）が転勤してきました。直属の上司となる係長のDさん（40歳、女性）は、営業成績が良いCさんに期待していました。CさんはBさんを気に入り、幾度となく食事に誘いましたが、Bさんは食事には行きたくないようで、何かと理由をつけて断っていました。ところが、ある日の午後、顧客から急なトラブルの連絡があり、BさんとCさんが夜の遅くまで残って残業をすることになりました。仕事が終わったあと、Cさんは「もう遅いので、近くのラーメン屋で食事をしよう」とBさんを誘い、しぶしぶBさんは、近くのラーメン屋さんに一緒に行き食事をして帰りました。
>
> それ以降、執拗に帰り道で待ち伏せされたり、「また、食事に行こうよ」と声を掛けてきます。Bさんは、Cさんと同じ職場ということもあり、露骨に嫌な顔をできずに我慢してきましたが、とうとう限界を感じ、D係長にこの件について相談してきました。D係長はBさんにどのような対応をとったら良いでしょうか。

（「健康モデル」の視点）

Bさんから、現在、体調不良などの訴えはありませんが、引き続き様子をみます。Bさんの行動や体調に異変を感じたら、「よく眠れていますか？」などの声掛けをします。

（「心理モデル」の視点）

先ほどの「12 パワーハラスメントを受けた部下」の「心理モデルの視点」を参考に対応します。Bさんの気持ちに寄り添い話を聴くことが大切です。

「なぜ、Cさんと二人で食事に行ったの？　断ればいいのに…」「Cさんは優秀なので、そんなことをするはずはない！」などの発言はセカンドハラスメントになる可能性があります。セカンドハラスメントとは、被害者がすでに受けたハラスメントについて周囲に相談した際、被害者側の問題だと扱われることによる二次被害のことです。Bさんは、自分の気持ちをわかってもらいたいと思っています。D係長は自身の価値観を押しつけないようにしましょう。また、Bさんの今後の希望について確認します。「Bさんは話を聴いてもらいたかっただけなのか？」「Cさんとの状況を知ってもらい、今後何かあれば助けてほしいのか？」「すぐにCさんに対して何らかの対策を取ってほしいのか？」などについて聴いてみます。

（「環境モデル」の視点）
　就業規則やセクシュアルハラスメント防止規程にて社内外のハラスメント相談窓口や相談対応手順などを確認しましょう。今回のケースでは、「Bさんが今後どうしてほしいのか」がわからないですが、どんな場合でも対応できるように事前準備をしておきます。

（その他のポイント）
　厚生労働省のリーフレットによると、「職場におけるセクシュアルハラスメント」には「対価型」と「環境型」の2種類があり、次のように定義されています。対価型セクシュアルハラスメントは、労働者の意に反する性的な言動に対する労働者の対応により、客観的に見て不利益な配置転換などの不利益を受けることです。環境型セクシュアルハラスメントは、労働者の意に反する性的な言動により労働者の就業環境が不快なものとなったため、能力の発揮に重大な悪影響が生じるなどその労働者が就業する上で看過できない程度の支障が生じることです。今回のケースは、環境型セクシュアルハラスメントに該当します。セクハラは多様であるため、個別の対応が求められます。

14　カスタマーハラスメントを受けた部下

（事例検討）

> 　　B型作業所※で利用者の送迎をしているRさん（55歳、男性）が、ある日の朝の送迎後、明らかに動揺していました。そこで、上司であるS主任（45歳、女性）がRさんに「どうかしたの？」と問いかけると、「送迎中にTさん（精神障害のある方）が急に頭を殴ってきました。また、後ろから殴ってこないかとびっくりしてしまって…」と堰を切ったように話をしてくれました。このような場合、S主任はRさんにどのような対応をとれば良いでしょうか。
>
> ※就労継続支援事業（通常の事業所に雇用されることが困難な方に働く場を提供する障害福祉サービス）の事業所で、A型とB型の2種類があります。A型は雇用契約を結んでの就労が可能な方、B型は雇用契約を結んでの就労が困難な方が対象です。

（「健康モデル」の視点）

　Rさんに外傷がないかどうか確認し、必要あれば病院に行くよう促します（労災については「環境モデル」に記載）。また、Rさんは、送迎中に利用者のTさんから殴られ、かなりのストレスを受けていることが推察されます。場合によっては、急性ストレス反応が出ることがあります。当分の間は、被害を受けたRさんに対して必要なサポートをします。

（「心理モデル」の視点）

　Rさんの気持ちや言い分、またTさんから受けた行為の内容、その直後の対応、その行為を受けたことによる心身への影響（例えば、不眠になったなど）や今後の対応について聴きましょう。

（「環境モデル」の視点）
　この件について、双方から話を聞き、再発防止策を講じます。例えば、運転席と後部座席にパーテーションを設置したり、今後このようなことが起こらないようにスタッフ全員に研修を行うなどです。また、被害にあったＲさんの気持ちに配慮した対応を行います。例えば、しばらくの間はＴさんと距離を取れるよう、安心して業務を行えるように環境を調整します。Ｒさんの同意を得て、社内相談窓口などを活用する方法もあります。
　Ｔさんに対しては、Ｂ型作業所として、医療機関や相談支援事業所（障害がある方の地域での生活や福祉について相談できる機関）と連携し、対応策を考えましょう。
　なお今回のケースは労働災害になる可能性が高いです。労災は、業務遂行性（労働契約に基づき事業主の支配下にあること）や業務起因性（業務と災害との関係に因果関係があること）が認められることで適用されます。通院が必要であれば、労災の手続きをするとＲさんに伝えましょう。

（その他のポイント）
　厚生労働省の『カスタマーハラスメント対応企業マニュアル』によると、カスタマーハラスメントとは、顧客などのクレーム・言動のうち、当該クレーム・言動の要求の内容の妥当性に照らして、当該要求を実現するための手段・態様が社会通念上不相当なものであって、当該手段・態様により、労働者の就業環境が害されるものと定義されています。どこまでが苦情であり、どこまでがハラスメントであるのか判別しにくいケースが多いです。カスハラに悩んで退職や病気になる人が現れないよう、事前に社内で対策を練り、スタッフに共有しておきましょう。
　また、傷害など事件性が疑われる場合は、弁護士などの専門家に相談しましょう。

第7章

1人で抱え込まないための
ポイント

Ⅰ 1人で抱え込まないために意識すること

　本章では、健康ー心理ー環境モデルをより有効に活用するためのポイントについて説明します。具体的には、上司が1人で物事を抱え込まないようにするために、意識していただきたいことです。真面目な上司ほど責任感が強く、1人で部下の期待に応えようとしたり、問題解決をしようとする傾向があります。そんな状態が続けば心身ともに疲れ切ってしまい、部下に対するマネジメントを継続的に円滑に行うこともできません。

　そうならないために、

　①「必要な情報を探す」

　②「必要な情報を提供する」

　③「関係部署や機関と連携する」

　の3つのポイントを意識しましょう。

①「必要な情報を探す」

　「必要な情報を探す」とは、仕事で活用できそうな情報に対するアンテナを常に張ることです。部下との普段の会話で「これ、どうだったかなぁ」と疑問を感じることがあったら、小さなことでも書籍やネットなどで調べてみましょう。いざという時に頼れる外部機関などもあらかじめ調べておくことが望ましいです。

　また、周囲の人に聞いてみることも有効です。周りの人に聞けば「この人は、この分野は苦手」「あの人は、あの分野の知識が豊富だ」と誰がどの分野に強いのかを教えてもらえるでしょう。こうした情報を知っておくことで、問題が起こった時に、誰に聞けばよいのかをすぐに判断できます。

　以下に本書で紹介したもの、そうでなかったものも含め、情報を得る際に参考になるマニュアルおよびガイドライン、HP、外部機関などをカテゴリ別にまとめましたので、よければご確認ください。

労働全般の情報収集
・独立行政法人労働政策研究・研修機構のホームページ…労働に関する総合的な調査研究を実施し、その結果を公表しています。メルマガに登録しておけば最新情報を得られます。
　URL：https://www.jil.go.jp/index.html
・リクルートワークス研究所のホームページ…労働政策、労働市場、組織・人事、キャリアの研究や調査を実施し、その結果を公表しています。
　URL：https://www.works-i.com/

労働問題相談
・全国社会保険労務士連合会ホームページ…各都道府県の社労士の連絡先がまとめられています。労働社会保険の手続、労務管理の相談、職場のトラブルなどの相談ができる最寄りの社労士を探すことができます。
　URL：https://www.shakaihokenroumushi.jp/
・厚生労働省総合労働相談コーナー…パワハラだけでなく、労働問題全般を対象としています。専門相談員が面談もしくは電話で応対してくれます。
　URL：https://www.mhlw.go.jp/general/seido/chihou/kaiketu/soudan.html
・個別労働紛争のあっせんを行っている都道府県労働局・都道府県労働委員会・都道府県庁…労使間でトラブルが発生し、解決することが困難な場合、労働委員会が解決のサポートをしてくれます。また、個別労働紛争のあっせんを行っている都道府県庁労政主管課もあります。
・法テラス（日本司法支援センター）…悩みを整理して適切な窓口の案内や法的な手続きのアドバイスをしてくれます。国が設立した公的な機関であり、弁護士などの専門家に電話もしくは面談で相談することができます。
　URL：https://www.houterasu.or.jp/
・法務省　みんなの人権110番（0570-003-110）…ハラスメントなどの人権問題についての相談を受けつけています。電話は、最寄りの法務局

や地方法務局に繋がります。

URL：https://www.moj.go.jp/JINKEN/jinken20.html

職場における支援、ガイドラインなど

・こころの耳…働く人のメンタルヘルスのポータルサイトであり、メンタ
  ルヘルス対策、ストレスチェック制度、職場復帰支援の情報が豊富です。
  URL：https://kokoro.mhlw.go.jp/
・厚生労働省「事業場における治療と仕事の両立支援のためのガイドライ
  ン」
  URL：https://www.mhlw.go.jp/stf/seisakunitsuite/bunya/0000115267.
  html
・厚生労働省「仕事と介護の両立　〜介護離職を防ぐために〜」
  URL：https://www.mhlw.go.jp/stf/seisakunitsuite/bunya/koyou_
  roudou/koyoukintou/ryouritsu/index.html
・厚生労働省「心の健康問題により休業した労働者の職場復帰支援の手引
  き〜メンタルヘルス対策における職場復帰支援〜」
  URL：https://www.mhlw.go.jp/stf/seisakunitsuite/bunya/0000055195_00005
  .html
・国土交通省「事業用自動車の運転者の健康管理マニュアル」
  URL：https://www.mlit.go.jp/common/001041528.pdf
・職場におけるハラスメントの防止のために（セクシュアルハラスメント
  / 妊娠・出産・育児休業等に関するハラスメント / パワーハラスメント）
  URL：https://www.mhlw.go.jp/stf/seisakunitsuite/bunya/koyou_
  roudou/koyoukintou/seisaku06/index.html
・厚生労働省「カスタマーハラスメント対応企業マニュアル」
  URL：https://www.mhlw.go.jp/content/11900000/000915233.pdf

産業医

・厚生労働省「中小企業事業者の為に産業医ができること」
  URL：https://www.mhlw.go.jp/content/000501079.pdf

・産業保健総合支援センター

　URL：https://www.johas.go.jp/shisetsu/tabid/578/Default.aspx

育児

・ファミリー・サポート・センター…子育てを地域で相互援助する組織で、育児の援助を受けたい人と援助を行う人をマッチングしてもらえます。一時的な保育などに適したサービスで、援助を行う人に保育士などの資格は必須ではありません。

・病児保育室…病気の子供を一時的に預かって保育してくれます。保育士や看護師などの専門スタッフがおり、保育所や小児科医に併設されているところが多いです。

・ショートステイ…宿泊型一時保育です。施設などで一定期間子供のお世話をしてくれます。

・トワイライトステイ…夜間の一時保育です。夕方以降に預かってもらえます。

・ベビーシッター…ベビーシッターは保育士とは別物で、法律での規制や国家資格はなく、サービスの質は事業者により異なります。

・ベビーホテル…子供の宿泊や夜間保育、一時預かりなど多様なサービスを提供しています。

介護

・地域包括支援センター…介護保険法に基づき設置されている、地域包括ケアシステムの中核施設。総合相談・支援、虐待の早期発見などの権利擁護、包括的・継続ケアマネジメント支援、介護予防マネジメント、地域ケア会議運営などを行っています。

障害

・発達障害者支援センター…発達障害児（者）への支援を総合的に行うことを目的とした専門的機関です。

・精神保健福祉センター…精神保健法に定められた精神保健福祉に関する

技術的な中核機関となっています。

・障害者就業・生活支援センター…障害者の職業生活における自立を図るため、雇用、保健、福祉、教育などの関係機関と連携し、障害者の身近な地域において就業面及び生活面を一体的に支援することで、障害者の雇用の促進及び安定を図ることを目的としている組織です。

・地域障害者職業センター…障害者に対する専門的な職業リハビリテーションサービス、事業主に対する障害者の雇用管理に関する相談・援助、地域の関係機関に対する助言・援助を実施されています。

② 「必要な情報を提供する」

　部下から相談された時、もしくは、部下に必要だと思った時に必要な情報を提供できるようしましょう。必要な情報とは、①で述べた情報を含めた、職場の問題解決のために活用できる各種制度、機関、社内外でサポートしてくれる人などのことです。

・制度…組織を運営するための規則や仕組みのことです。親の介護をしながら働いている部下が介護休暇を取りたいと言った場合には、育児・介護休業法の制度や社内の就業規則を確認してその情報を伝えます。

・機関…業務を行う組織であり、公的機関や民間機関があります。例えばしばしば子供が熱を出し、保育園から呼び出される部下に対しては、病気の子供を一時預かりしている病児保育室の情報を提供します。

・社内外でサポートしてくれる人…部下は自分が問題を抱えている時、周りにサポートしてもらえる人がいたとしても、なかなかその存在に気づきにくいものです。家族に精神疾患の者がおり看病疲れをしている部下に対して家族会（精神疾患を患っている身内を持つ家族が集まり同じ悩みを共有して、お互いに支えあう会）やソーシャルワーカー（福祉や介護、医療などの業界において、問題や悩みを抱えている方の支援や援助を担当する人）などの情報を提示します。

　「部下に情報提供するだけで、問題が解決することがあるのか？」と思われるかもしれませんが、問題を抱えている部下は視野が狭くなりがちです。

そんな時に、適切な情報を得ることができれば、部下自身の視野が広がり、解決の糸口が見つかるかもしれません。また、直接的に問題が解決しなくても、もし「私のためにたくさん調べてくれて、頼りになる上司だ」と思ってもらえたなら、信頼関係は高まるでしょう。

③「関係部署や機関と連携する」

　課題解決のためには、関係部署や機関とお互いに連絡を取り合うことが大切です。

　例えばメンタル不調の部下がいる場合は、産業医、主治医、人事や総務などと連携を取ります。病気の状態については医師に確認しながら、上司はどのような仕事を与えればよいのか、何に配慮すべきかなどを考えます。メンタル不調により休職する際は、手続きなどについて人事や総務に相談します。

　また外国人技能実習生がいる場合は、社内の仕事や生活面をサポートしてくれる担当者だけでなく、受入れ企業をサポートしている監理団体との連携が有効でしょう。

Ⅱ 産業医の探し方から契約までの流れ

「初めて産業医を探しているが、どうすれば良いのかわからない」「現在の産業医がクリニックを廃業されるので、次の産業医の選任はどうしたら良いのか」など、適切な産業医をどうやって探したら良いのか困っている担当者は多いのではないでしょうか。

そこで、産業医の探し方から契約までの流れを説明します。

そもそも、医師であれば産業医として働けるわけではありません。

まずは産業医の認定要件を満たしているかどうか確認することが必要です。

認定要件は、以下のとおりです。

（労働安全衛生規則14条第2項）

法第13条第2項の厚生労働省令で定める要件を備えた者は、次のとおりとする。

一 法第13条第1項に規定する労働者の健康管理等（以下「労働者の健康管理等」という。）を行うのに必要な医学に関する知識についての研修であつて厚生労働大臣の指定する者（法人に限る。）が行うものを修了した者

二 産業医の養成等を行うことを目的とする医学の正規の課程を設置している産業医科大学その他の大学であつて厚生労働大臣が指定するものにおいて当該課程を修めて卒業した者であつて、その大学が行う実習を履修したもの

三 労働衛生コンサルタント試験に合格した者で、その試験の区分が保健衛生であるもの

四 学校教育法による大学において労働衛生に関する科目を担当する教授、准教授又は講師（常時勤務する者に限る。）の職にあり、又はあつた者

五 前各号に掲げる者のほか、厚生労働大臣が定める者

基本的な流れは次の通りです。

①まず自社の課題を洗い出します。そして、例えば次のような視点から、産業医に求めるものを整理します。

・豊富な経験のある産業医を必要としているのか？

・対応範囲が会社の望むものなのか？

・報酬は予算内か？

・柔軟な対応をしてもらえそうか？

・産業医と円滑なコミュニケーションが取れるのか？

・サポートが充実しているか？

　産業医に「メンタルヘルスやハラスメントの対応をしてもらいたい」とお願いするものの、実際には対応してもらえなくて困っているというケースも多くあります。だからこそ、自社には「どのような対応をしてほしいのか？」などについて、契約前にしっかりと説明を受け話し合ったうえで合意をしましょう。また、名前のみ登録して現実には、産業医として定められた職務をしていないケースもありますが、そのケースはペナルティの対象となります。いわゆる「名ばかり産業医」にならないように、産業医の活動状況を把握しておきましょう。

②産業医を、主に次の方法で探します。

・知り合いの紹介や人脈を活用する

・近隣の医師会に問い合わせる

・近隣の医療機関に相談する

・定期健康診断を依頼している健診機関に相談する

・産業医の派遣・紹介サービスを利用する

・産業保健総合支援センターに相談する

③産業医と契約を結びます。

　産業医との契約においては、専属産業医と契約する時は、雇用契約、嘱託産業医と契約する時は業務委託契約書を結ぶことが一般的です。

　最後に、産業医と契約した時は、産業医選任報告書などの必要書類を、所轄の労働基準監督署に提出する必要があります。

Ⅲ 行政から支援を受けるときの流れ

　上司が部下から「育児、介護、障害」に関するサポートを求められたときのため、行政の提供する支援の基本的な流れを理解することは、組織内での包括的なサポート体制を構築する上で欠かせません。その重要性は、以下の4つの理由から明らかです。

　1つめは、従業員及びその上司が育児、介護、障害を抱える家族のための行政の援助内容を基本的に理解することで、必要なサポートを得るための知識が深まります。2つめは、この情報の共有を通じて、上司と部下の間でのオープンなコミュニケーションが促され、従業員が直面する問題に対する共感と理解が深まる機会が生まれます。3つめは、従業員が個人的な問題に対処する際の手助けだけではなく、職場全体でのサポート体制を整え、すべての人が安心して働ける環境を構築します。4つめは、従業員が私生活の問題を適切に管理し、ストレスを軽減できれば、それが仕事のパフォーマンス向上に繋がります。

　組織が従業員が直面する様々な問題にどのように対応し、どのような支援を提供できるかを示すことで、人材管理の理解と実践が深まります。これにより、従業員は自分自身や同僚が直面する課題への敏感さを高め、適切な支援の求め方を学べます。最終的には、このような知識と理解が職場の満足度と生産性の向上に寄与することが期待されます。

　このような理由から、育児、介護、障害のことで行政から支援を受ける際の基本的な流れについて説明します。それぞれ参考にしてみてください。

（育児関系）

　利用できる施設などの認定や利用手続きについての基本的な流れは次の通りです。

認定について

施設などの利用を希望する場合は、お住まいの市町村から利用のための認定を受ける必要があります。

あなたの認定区分は？　利用できる施設は？

スタート

お子さんの年齢は？

3～5歳　　　　　　　　　　　0～2歳

「保育を必要とする事由」に該当しますか？
▶06ページ参照

「保育を必要とする事由」に該当しますか？
▶06ページ参照

いいえ　　　　　はい　　　　　はい　　　　　いいえ

認定区分

| 1号認定
（教育標準時間認定） | 2号認定
（保育認定） | 3号認定
（保育認定） | 認定の必要はありません*1 |

利用できる施設

| 幼稚園*2 | 認定こども園 | 保育所 | 保育所 | 認定こども園 | 地域型保育 |

*1　必要に応じて、一時預かりなどの支援が利用できます。　▶09～10ページ参照
*2　新制度に移行しない幼稚園もあります。その園を利用する場合は認定を受ける必要はありません。

●共働き家庭でも幼稚園を利用したい場合は？　　→　共働きでも幼稚園での教育を希望される場合は、1号認定を受けることになります。

施設などの利用について

施設などの利用手続きは、認定区分によって異なります。

利用手続きの基本的な流れ（イメージ）

1号認定の場合 （幼稚園、認定こども園）	2号・3号認定の場合 （保育所、認定こども園、地域型保育）
1 幼稚園などの施設に直接申込みを行います。 ※市町村が必要に応じて利用支援をします。	**1** 市町村に直接認定を申請します。 ※「3 利用希望の申込み」も同時にできます。
2 施設から入園の内定を受けます。 ※定員超過の場合などには面接などの選考あり	**2** 市町村が「保育の必要性」を認めた場合、認定証が交付されます。
3 施設を通じて市町村に認定を申請します。	**3** 市町村に保育所などの利用希望の申込みをします。 （希望する施設名などを記載）
4 施設を通じて市町村から認定証が交付されます。	**4** 申請者の希望、保育所などの状況に応じ、保育の必要性の程度を踏まえ、市町村が利用調整をします。
5 施設と契約をします。	**5** 利用先の決定後、契約となります。

利用調整とは

市町村が定める基準に基づき、保護者の状況などに応じ保育の必要性などから優先順位をつけ、利用する施設などの調整を行うこと。
ひとり親家庭、生活保護世帯、生計中心者の失業、お子さんに障害がある場合などには、保育の優先的な利用が必要と判断される場合があります。

[利用手続きの詳細については、お住まいの市町村にご確認ください。]

出典：内閣府「子ども・子育て支援新制度　なるほど BOOK（平成 28 年 4 月改訂版）

（介護関係）

介護サービス利用の流れと利用できるサービスは、以下の通りです。

□ 介護保険サービス利用の流れ

❶ 要介護（要支援）の申請

市区町村の介護保険課の担当窓口で申請します。地域包括支援センターや、居宅介護支援事業所などに申請を代行してもらうこともできます。

ポイント
地域包括支援センターは、地域によって名称が異なる場合がありますので、分からない場合は自治体に問い合わせてみましょう。

❷ 要介護（要支援）認定

訪問調査と主治医の意見書をもとに、審査・判定が行われ、要介護・要支援度が決定します。要介護・要支援度は、要支援1・2、要介護1〜5の7段階に分かれており、段階によって利用できるサービスや月々の利用限度額が異なります。

ポイント
調査には、ご家族が立ち会って本人の状況や困り事をきちんと伝えることが大事です。調査にかかる時間は、通常1時間半程度です。

❸ ケアプラン作成

本人の意向や家族の意向、専門職の助言をふまえ、どのようなサービスをどのくらい利用するかなどを決めるケアプランを作成します。ケアプランの作成は、10割保険給付され、自己負担はありません。

ポイント
介護者が就労している場合は、日頃の働き方やどのように介護に携わりたいかなど、両立のための希望をケアマネジャーに伝えましょう。

❹ サービスの利用

介護保険サービスを提供する事業者と契約を結び、サービスを利用します。利用にあたっては、費用の1〜3割や居住費・食費などが自己負担となります。

ポイント
事業所・施設は、利用する本人や家族があらかじめ見学をして決められるとスムーズでしょう。また、サービスの契約の際は、必ず家族が立ち会いましょう。

❺ 更新手続き

要介護・要支援認定には有効期間があります。継続してサービスを利用するためには、有効期間が終了する前に、更新の手続きが必要となります。

□ 利用できるサービス

介護保険は、利用者が事業者を選択して介護保険サービスを利用する仕組みです。どのようなサービスをどの事業者から受けるか迷ったら、まず、要介護者がお住まいの市区町村の窓口や地域包括支援センターに相談しましょう。

分類	介護サービス
自宅で受ける サービス	● 訪問介護（ホームヘルプサービス） ● 訪問入浴介護
	● 訪問リハビリテーション ● 訪問看護　● 居宅療養管理指導
	● 定期巡回 ● 随時対応型訪問介護看護※ 等
施設などに出かけて 受けるサービス	● 通所介護（デイサービス） ● 通所リハビリテーション（デイケア）
	● 短期入所生活介護（福祉系ショートステイ） ● 短期入所療養介護（医療系ショートステイ）
	● 小規模多機能型居宅介護 ● 看護小規模多機能型居宅介護※ 等
施設などで生活しながら 受けるサービス	● 介護老人福祉施設（特別養護老人ホーム）※ ● 認知症対応型共同生活介護（認知症高齢者グループホーム）※ ● 特定施設入居者生活介護（有料老人ホーム）※ 等
	● 介護老人保健施設※
	● 介護医療院
生活環境を整えるための サービス	● 福祉用具貸与 ● 福祉用具購入費の支給
	● 住宅改修費の支給 等

※印のサービスは、原則要介護1以上の方のみ利用できます。ただし、介護老人福祉施設（特別養護老人ホーム）は原則要介護3以上の方、認知症対応型共同生活介護（認知症高齢者グループホーム）は要支援2以上の方が利用できます。

出典：厚生労働省「仕事と介護の両立支援ガイド（企業向け）」

（障害関係）

①まずは、最寄りの市区町村の障害福祉課や相談支援センターなどに相談します。

②支援の方向性が見えたら、市区町村へ希望するサービスの利用申請を行い、市区町村の認定調査や医師の意見書などから、障害支援区分が認定されます。そして、申請者本人や家族の状況、要望などを踏まえ、サービスの支給量が決定されます。

③決定された支給内容に基づき、相談支援事業者が「サービス等利用計画」を作成し、市区町村の障害福祉課へ提出します。

④相談支援事業者と連携して、サービス提供事業所と契約を結び、サービスの利用が開始されます。ご自身に合ったサービスを受けるためには、市区町村の窓口に相談してみることをお勧めします。

おわりに

　本書を閉じる際に、私の経験を共有させていただきます。独立後、ある自治体で相談員としてのキャリアをスタートした時、相談に訪れた相談者の前で、自分の相談スキルの未熟さを痛感し、相談者の顔色が変わるのを目の当たりにしました。当時の行政機関における相談は、1度きりの相談も多く、短時間で相談者の解決を求められていました。期待にそえるように私の目標は、1回の相談で相談者が満足して帰っていただくことでしたが、これは非常に困難な挑戦でした。そのため、社会保険労務士としての法律知識を深めるだけでなく、傾聴技術の向上、キャリアコンサルタントとしての専門性を磨き、さらに心理学の学びにも力を入れました。私は相談者の立場に立ち、彼らの真の問題を特定し、解決策を見つける過程の難しさを実感しました。相談者が何に悩み、何を求めているのかを短い時間で理解することの重要性を、多くの試行錯誤を経て学び取ってきました。

　特に、社会保険労務士として労務相談を扱う場合、多くは当事者と直接話すことなく、経営者やマネジャーとの面談を通じて、職場の本質的な問題を把握し、解決策を導き出す必要があります。人の相談に乗ることは大きなやりがいを感じるものですが、自分自身を投影することの怖さも伴います。私自身、時には、不安と期待の間で自分が押しつぶされそうになることもあります。経営者やマネジャーも、同様にこのような状況に直面するかもしれません。そのような時、この本を読者の皆様が思い出していただき、部下との向き合い方に役立てていただければ幸いです。

　職場では、経営者、上司、部下という異なるそれぞれの立場では、物の見方は大きく変わります。経営者やマネジャーは、部下の真の意図を理解しようと努めつつも、人間関係の複雑さに苦悩することがあります。この本では、様々な立場を理解し、健全なコミュニケーションと人間関係を築くための具体的なアドバイスを提供しています。

本書を通じて紹介したモデルや実践的なアドバイスが、皆様のマネジメントスキルの向上に役立ち、より健全で包括的な職場環境の構築への貢献を願っています。

ご購入特典プレゼント

本書の内容をより深く理解し、行動して結果を
出していただくために５つの読者特典をご用意しました！

特典①：部下が不調のサインを出した時の言葉掛け（PDF ファイル）
メンタル不調が疑われる部下にどのように声掛けをしたら良いのかがわか
ります。

特典②：【動画】「健康―心理―環境モデル」を学ぶ！特別セミナー動画
「健康―心理―環境モデル」について、詳しく動画で解説していきます。

特典③：DESC 法実践！トレーニングシート（PDF ファイル）
第４章「アサーティブで意見を伝える DESC 法」を実践するトレーニング
シート。

特典④：ライフプラン充実シート（PDF ファイル）
第６章「ライフプラン充実シート」を記入できます。

特典⑤：「良い人材を採用して定着するための総合情報誌」の配信
筆者の書き下ろしコラムが届きます。

以下の URL か QR コードでアクセスして「５大特典」を無料で入手してく
ださい。

URL：	QR コード：
https://www.reservestock.jp/ inquiry/ZDEyNjQwODM5M	

【著者略歴】

山田　真由子（やまだ　まゆこ）

山田真由子社会保険労務士事務所代表であり、採用・定着・育成の専門家である。

26歳の時に3度目の受験で社会保険労務士の試験に合格。アパレルの販売、様々な業種にわたり約15年間の職業経験を積み、2006年12月に開業。特定社会保険労務士、公認心理師、キャリアコンサルタントの資格を有し、社労士業務を行う傍らコンサルタント・講師・筆者という三つの肩書で活動中。社労士としての法的な視点だけではなく、キャリアや心理の視点を併せ持ち、統合的な観点からクライアントの本当の問題をいち早く見抜くことをモットーとしている。人事労務に携わる経験は28年に及び経営者や総務部担当者からの人事労務相談に23年間対応している。これまでに1,500回以上のセミナーを実施し、相談件数は累計10,000件以上を担当。テレビ、ラジオ、新聞、雑誌などのメディア取材も多数。著書に『外国人労働者の雇い方完全マニュアル』（シーアンドアール研究所刊）、『会社に泣き寝入りしないハラスメント防衛マニュアル　部長、それってパワハラですよ』（徳間書店刊）、『すぐに使える！はじめて上司の対応ツール』（税務経理協会刊）がある。

山田真由子　ホームページ
https://officestarcompass.com

山田真由子
公式メールマガジンの無料登録
https://www.reservestock.jp/subscribe/221393

部下を知らない上司のための育成の極意

2024 年 5 月21 日　初版

著　　　者　　山田　真由子

発 行 所　　株式会社労働新聞社
　　　　　　　〒 173-0022　東京都板橋区仲町 29-9
　　　　　　　TEL：03-5926-6888（出版）　03-3956-3151（代表）
　　　　　　　FAX：03-5926-3180（出版）　03-3956-1611（代表）
　　　　　　　https://www.rodo.co.jp　　　pub@rodo.co.jp
表　　　紙　　尾﨑　篤史
印　　　刷　　株式会社ビーワイエス

ISBN 978-4-89761-982-8

私たちは、働くルールに関する情報を発信し、
経済社会の発展と豊かな職業生活の実現に貢献します。

労働新聞社の定期刊行物のご案内

「産業界で何が起こっているか？」
労働に関する知識取得にベストの参考資料が収載されています。

週刊 労働新聞

タブロイド判・16ページ　月4回発行
購読料（税込）：46,200円（1年）23,100円（半年）

労働諸法規の実務解説はもちろん、労働行政労使の最新の動向を迅速に報道します。
個別企業の賃金事例、労務諸制度の紹介や、読者から直接寄せられる法律相談のページも設定しています。　流動化、国際化に直面する労使および実務家の知識収得にベストの参考資料が収載されています。

安全・衛生・教育・保険の総合実務誌

安全スタッフ

B5判・58ページ　月2回（毎月1・15日発行）
購読料（税込）：46,200円（1年）23,100円（半年）

●産業安全をめぐる行政施策、研究活動、業界団体の動向などをニュースとしていち早く報道
●毎号の特集では安全衛生管理活動に欠かせない実務知識や実践事例、災害防止のノウハウ、法律解説、各種指針・研究報告などを専門家、企業担当者の執筆・解説と編集部取材で掲載
●「実務相談室」では読者から寄せられた質問（人事・労務全般、社会・労働保険等に関するお問い合わせ）に担当者が直接お答えします!
●連載には労災判例、メンタルヘルス、統計資料、読者からの寄稿・活動レポートがあって好評

上記定期刊行物の他、「出版物」も多数 https://www.rodo.co.jp/

労働新聞社

| 労働新聞社 | 検索 |

〒173-0022　東京都板橋区仲町29-9　TEL 03-3956-3151　FAX 03-3956-1611